Vous avez vieilli,

profitez-en,

mais vite !

Du même auteur

Traité de fabrication des liqueurs. Pierre Bordas et fils.
Comment gérer son supérieur hiérarchique? Dunod.
Comment gérer ses subordonnés? Dunod.
Évaluez votre employeur. Éditions d'organisation.
Soyez convaincant! Eyrolles.
L'argent n'a pas d'odeur, la pauvreté, si ! Amazon, e-book.

Guy Desaunay

Vous avez vieilli, profitez-en, mais vite !

Afridoukou

Prologue

« Ô vieillesse ennemie ! »

Corneille, *Le Cid.*

Le moissonneur représenté dans ce détail du tableau de Lhermitte (La paie des moissonneurs, Catalogue du Salon de 1882) reproduit en couverture, est probablement un journalier, ne possédant ni terre ni matériel agricole et vendant à la journée ou à tâche faite, sa force de travail et sa compétence. Les grains ramassés, il devra les battre et les vanner. A l'automne, il fera les labours, puis les semailles. Durant l'hiver, il coupera du bois...

Faucher est une activité difficile si l'on veut être efficace, fatigante, qui ne prévoit pas d'autre temps de repos que celui que l'on s'accorde et qui se prolonge sur des journées de seize heures, sous un soleil brûlant.

Le peintre, à juste titre, met la faux au premier plan, car c'est l'outil de travail et donc le gagne-pain. On peut penser que, comme tout artisan, le moissonneur en a fait un outil à son « amain », c'est à dire équilibré, de bonne hauteur, soigneusement affûté, ce qui lui a demandé de longues heures de travail, le dimanche bien sûr.

L'homme représenté n'est plus tout jeune. On peut lui donner une large cinquantaine ce qui, dans ce métier et à cette époque, est déjà l'âge du déclin des forces. Il est manifestement fatigué, d'une fatigue qu'une courte nuit de sommeil n'effacera pas entièrement. Et cette fatigue est angoissante car elle va s'accentuer au fil des années, elle va peser sur le rendement de son travail, et un jour on lui dira, avec plus ou moins de formes, qu'il n'y a plus d'ouvrage pour lui.

C'est une image du vieillissement traditionnel, perte des

forces, angoisse de l'avenir..., car lui ne bénéficie pas d'une retraite. Il n'aura pour vivre que ses pauvres économies, un bout de potager, peut-être l'aide de ses enfants. Pas grand-chose assurément.

Pour vous, c'est différent.

Introduction

« Gorgias de Léontium, parcourut cent sept ans sans jamais mettre un terme à son application et à son travail. Quand on lui demanda pourquoi il désirait vivre si longtemps, il répondit : "Je n'ai rien à reprocher à la vieillesse." »

Cicéron, *De la vieillesse.*

Il y a longtemps, bien longtemps, pour la première fois, vous aviez étendu vos couvertures côte à côte. C'était sur le foin de la grange de vos grands parents, sur le sable de la plage d'une petite île grecque, sur le sol durci d'une aire à grains andalouse ou berbère. Vous n'aviez envie de dormir ni l'un ni l'autre et d'ailleurs vous vous seriez empêché mutuellement de dormir. Après un long crépuscule, « quand s'éteignirent les lumières et s'allumèrent les cri-cri », vous avez appris que le coq chante tout au long de la nuit et non seulement à l'aube. C'est un beau souvenir, mais ce n'est plus qu'un souvenir, car il y a déjà quelques années que vous avez le sentiment d'être devenu transparent aux regards de ceux dont vous admirez encore la silhouette.

Vous ne courrez plus guère. Vous ne montez plus les escaliers quatre à quatre, ni même deux à deux. Marcher rapidement peut vous essouffler et vous fatiguer. Votre silhouette s'est modifiée. Votre mémoire est parfois un peu lente et quelquefois même défaillante : vous avez des mots « sur le bout de la langue », mais qui vous échappent. Votre humeur n'est peut-être plus aussi égale qu'autrefois, et il arrive que vous vous fâchiez pour quelque chose qui n'a finalement que peu d'importance. A l'inverse, vous avez appris à vous taire pour ne pas envenimer certains conflits et même parfois à vous faire discret. Les symptômes peuvent différer quelque peu selon les individus, mais un jour la cause devient évidente : vous avez vieilli. Et rien ne sera plus vraiment comme avant. Il s'agit d'un phénomène naturel, plantes et animaux subissant le même sort. Et il n'y a guère que Dieu, ses anges, le diable et les vampires qui y échappent, ce qui ne fait pas grand monde.

Et puis, vous avez pris votre retraite ou l'on vous y a mis d'office, avec ou sans indemnités, et parfois même sans ménagements. Ceci a introduit dans votre vie une coupure sinon une rupture. Et vous disposez encore de longues années devant vous, au début en bonne santé, ensuite en moins bonne, évidemment.

L'allongement de la durée de vie et le raccourcissement proportionnel de la vie de travail, laissant place à une longue retraite, sont des phénomènes extrêmement récents.

« Eh n'as-tu pas cent ans? trouve-moi dans Paris
Deux mortels aussi vieux, trouve-m'en dix en France. »
La Fontaine. Livre 8. Fable 1.

En 1990, il y avait environ 13.000 centenaires. Il y en avait cent en 1900. On en prévoit 60.000 en 2050. (INED)

En 1740 l'espérance de vie à la naissance était de 25 ans ; en 1850 de 43 ans ; en 1940 de 60 ans et de 80 ans en l'an 2000 [1]. De 1900 à 2000, l'espérance de vie moyenne en France est passée de 48 à 80 ans, soit une hausse de 65% en un siècle. En comparaison, un auteur a calculé que la durée de vie moyenne des rois de France a été de 51 ans et 9 mois, le plus âgé étant le plus récent. Eux, étaient bien nourris. Il ajoute que celle du peuple à l'époque était de 33 ans. [2] Certes, ces chiffres sont en partie trompeurs et doivent être relativisés. Pour ce qui est de notre propos, c'est l'espérance de vie après un certain âge, passées les mortalités à la naissance et infantiles, qui est intéressante, et elle modifie la perspective. A titre d'exemple, l'écart est de de 30 ans entre le Mali et le Japon, si l'on prend l'espérance de vie à la naissance mais il n'est plus que de 5 ans, si l'on prend l'espérance après 50 ans. [3]

Quant à la durée moyenne de la retraite, elle était de deux ans en 1909. 4 De plus, à la même date, à peine le quart des manœuvres et le tiers des ouvriers qualifiés du secteur privé avaient une chance de vivre jusqu'à 65 ans. Autrement dit, peu de gens arrivaient à l'âge de la retraite, et encore moins en profitaient.

Par ailleurs, la structure familiale a été bouleversée. Il y a un siècle, la France était encore en majorité paysanne. Les vieux y vivaient avec les jeunes, même si cela entraînait parfois quelques heurts. Ne vivaient seuls que les gens frappés par le malheur, surtout des veuves, disposant de moyens limités, proches de la misère : « Un feu de veuve », disait-on autrefois, pour signifier un feu si réduit qu'il ne chauffait guère plus que les aliments, en fait de la soupe de légumes ou de la bouillie de céréales.

Aujourd'hui, les familles sont éclatées, mono parentales, recomposées, et de plus en plus de gens vivent seuls. Vieillissement et solitude conjugués posent évidemment des problèmes spécifiques qu'il est sage de regarder en face.

Les conditions économiques ont aussi changé. En France, tout au moins, si la répartition des richesses reste prodigieusement inégale, comme elle l'a toujours été, la misère profonde s'est faite plus rare. Et les gens âgés ne sont pas toujours les plus mal lotis. Cela n'était pas le cas autrefois, ni même il y a peu.

L'environnement culturel a également été bouleversé. Au milieu du XX° siècle, il n'y avait pas de cinéma dans les villages, ni de théâtre dans les petites villes. Aujourd'hui à peu près tous les foyers français (ceux qui ont un toit sur la tête, en tout cas) possèdent un téléviseur. Le divertissement est à domicile et il n'est plus besoin d'une auto pour aller voir un film, ni d'aller chercher le journal pour avoir des informations.

Surtout, Internet a introduit une nouveauté radicale, inimaginable il y a peu. Le monde entier est à portée de quelques clics. Beaucoup de livres, de revues, de journaux, de sites d'information divers mais aussi des photos, des vidéos, des films, et même des musées, sont désormais disponibles chez vous, dans votre bureau ou votre salon,. Avec beaucoup de scories, sottises et mensonges, évidemment, sans compter les publicités et les propagandes, ni bien sûr les escroqueries. Surtout, vous pouvez être acteur de cette information. Blogs, sites personnels ou de rencontre, forums, etc., vous donnent l'occasion d'exercer votre créativité, de la partager et de nouer des contacts.

Vous

Les inconvénients et les avantages de votre position

Dépasser le choc

« Car elle tombe avec rapidité, la fleur de l'âge, cette période si brève d'une vie limitée misérablement. On boit, on veut des couronnes, des parfums, des filles, et pendant ce temps voilà la vieillesse qu'on n'attendait pas. »

Juvénal, *Satires.*

« Si nous tombions tout a coup dans l'état sénile, je ne crois pas que nous serions capables de supporter un tel changement. Mais conduits par la main de la nature, par une pente douce et comme insensible, peu a peu, de degré en degré, elle nous enveloppe dans ce misérable état, et nous y apprivoise. »

Montaigne, *Essais*, Livre I.

Avant de faire un bilan objectif de sa position, il est souvent nécessaire de surmonter le choc, que, dans bien des cas, représente la prise de conscience du vieillissement.

Le vieillissement est en général un processus lent, progressif, presque insensible, comme le dit Montaigne, mais souvent aussi, suite à une maladie par exemple, on en prend brutalement conscience parce que l'on ne peut plus faire, ou en tout cas faire facilement, ce que l'on réalisait auparavant.

Un exemple en est donné dans le roman *Tendre est la nuit* de F. Scott Fitzgerald 5, dont les héros sont a *poor little rich girl* fortement névrosée et un jeune médecin. Ils se marient parce qu'elle est jolie, riche, qu'ils s'aiment, mais aussi parce qu'aux yeux de la famille de la jeune fille il aura la charge de la soigner. Il s'agit un peu d'un marché. Le couple va vaille que vaille, alcoolisme chez l'homme, épisodes névrotiques chez la femme. Au bout de dix ans, elle a repris son équilibre et lui a perdu le sien. Un jour sur la plage, il tente un exploit sportif maintes fois réussi par le passé, et qu'il rate à trois reprises. En quelques minutes, elle se sent libérée et lui se sent « fini ». Il a vieilli, il le sait, cela se voit, et cela sonne un rééquilibrage de toutes les relations. C'est quasiment instantané.

Parfois, les choses sont différentes mais tout aussi rapides. Par exemple, une phrase ou un acte d'autrui vous range clairement dans la catégorie des vieux. « Le premier choc de la vieillesse, je l'ai éprouvé il y a fort longtemps, la première fois qu'une jeune fille m'a cédé sa place dans le métro. J'étais stupéfait. J'ai failli me fâcher. »

Ce peut même être seulement le regard d'autrui. C'est un test depuis des siècles. « Un homme qui serait en peine de connaître s'il change, s'il commence à vieillir, peut consulter les yeux d'une jeune femme qu'il aborde, et le ton dont elle lui parle : il apprendra ce qu'il craint de savoir. Rude école. » 6

Ou le progrès technique rend obsolète votre compétence, ou ce que vous croyez tel. « Je faisais les invitations et cartes de vœux de mes petits-enfants. Une photo, une heure de travail logiciel, l'imprimante,… Un jour, on m'a remercié mais signifié que ce n'était plus la peine. Désormais, les invitations se font par SMS. Je me suis senti un peu dépossédé et vieilli. »

Ou une institution vous retire telle ou telle possibilité. « Un jour, une de mes cartes de crédit revolving devint inutilisable. Ma banque consultée, me fit savoir assez sèchement qu'au delà d'un certain âge, le crédit était diminué, que je pouvais certes avoir une autre carte, mais pas avec les mêmes possibilités. Les banques s'arrangeant pour rendre très difficile et surtout coûteux, le changement d'établissement, je fus bien obligé d'en passer par là. Furieux ! Et depuis, je refuse systématiquement toutes leurs propositions. »

Ou bien l'on vous traite franchement de vieux dans des circonstances où vous, vous auriez mis quelques formes. « Un institut de sondage me demanda au téléphone si je voulais répondre à quelques questions à propos d'un journal auquel j'étais abonné. J'acceptai et ce fut très bref. Lorsque j'indiquai mon âge, on me répondit brutalement que j'étais trop âgé pour que mes réponses puissent être prises en compte et l'on mit fin à l'entretien Je me désabonnai immédiatement, mais je restai humilié. Je me demandai si un jour on ne me dirait pas la même chose dans un bureau de vote !»

Parfois, les choses sont plus lentes, plus insidieuses. Cela peut commencer avant même la retraite. L'on vous « placardise » dans votre travail. Ou les responsabilités, les promotions, sont systématiquement réservées, et on vous le fait savoir, à des gens plus jeunes, qui ont l'avenir devant eux et sur lesquels on peut « capitaliser ». Et vous, votre travail, vos responsabilités vous ont plus ou moins « vidé ». Vous avez le sentiment de vous être fait escroquer. Et vous avez un vague mépris, teinté de pitié, vis à vis de ceux qui font se faire escroquer à leur tour. Comme on l'a dit à propos des femmes, inutile de vous venger des jeunes, le temps s'en chargera !

Dans tous les cas, c'est un choc, difficile à supporter, long à accepter et qu'il va falloir dépasser. Face à ce choc, la première réaction est généralement le refus, sinon la dénégation, tout simplement parce que si l'on sait que l'on a vieilli, d'un autre côté l'on ne se sent pas « vieux ». Mais pour les autres, vous êtes vieux.

Cependant, si l'on veut tirer parti de sa vieillesse, il faut d'abord l'accepter. Puis minorer les inconvénients et évidemment majorer les avantages.

Les inconvénients

« La vieillesse, ce naufrage. »

Charles de Gaulle, *Mémoires de guerre*.

Évidemment, l'auteur pensait à un autre vieillard, en

l'occurrence le maréchal Pétain, qui en passant de la vieillesse à l'extrême vieillesse (ou ce qui paraissait tel à l'époque) tomba du statut de héros national à celui de condamné à mort. Il n'imaginait pas qu'à son tour ... « Dix ans, çà suffit ! » lui fit-on savoir. Combien de grands hommes indispensables, ont fini leurs jours à Sainte Hélène, l'île d'Yeu ou Colombey les deux Eglises ? Mais ceci est une bonne leçon. Autant les difficultés des autres nous paraissent évidentes, autant les nôtres nous paraissent encore légères. Et pourquoi pas ? La confiance en soi est une des clés de la réussite dans n'importe quel domaine et peut-être la principale.

Ces inconvénients de la vieillesse, un célèbre auteur latin les résumaient ainsi : « En tout cas, quand je fais le tour de la question, je trouve quatre raisons qui font paraître la vieillesse déplorable ; la première, c'est qu'elle écarte des affaires ; la seconde, qu'elle affaiblit le corps ; la troisième, qu'elle prive de presque tous les plaisirs ; et la quatrième, qu'elle est proche de la mort. » 7

La première raison est donc relative au statut social et au pouvoir que confère celle-ci. Un professeur au Collège de France est mis à la retraite à 67 ou 68 ans. C. Lévi Strauss s'est plaint amèrement d'avoir été privé du jour au lendemain de bureau, de secrétaire, d'assistants, etc., ce qui lui rendait toute production intellectuelle difficile. Un sénateur peut dépasser allègrement les 80 ans. Un homme d'affaires décide par lui-même s'il veut continuer à régner et si son capital est bien verrouillé, il peut continuer à imposer sa volonté, bien au delà encore. Mais la plupart des gens ordinaires sont mis à la retraite d'office et parfois encore jeunes. Il leur reste leur bulletin de vote, tous les cinq ou six ans et au scrutin de liste à un tour le plus souvent possible, ce qui laisse peu de choix ! Cette disparition de la vie professionnelle est un point clé et nous y reviendrons.

La seconde raison, l'affaiblissement des capacités physiques est une évidence. C'est même la caractéristique principale de la vieillesse et elle est inéluctable.

La troisième est très discutable. Certes, il y a des régimes à suivre et le régime sans sel affadit les plaisirs de la table. Certes, ce n'est plus l'heure des exploits sportifs ni même sexuels. Encore que … Et puis, il reste tous les plaisirs intellectuels, la lecture, le jeu, la musique, etc. Et aussi, les plaisirs affectifs, l'amour, l'amitié, etc. Et pourquoi pas, la création. C'est ce qu'il faut exploiter au maximum.

Quant à la quatrième, elle est aussi relative. Les accidents de la route se moquent de l'âge. Bien des cancers aussi.

> « La main des Parques 8 blêmes
> De vos jours et des miens se joue également.
> Nos termes sont pareils par leur courte durée.
> Qui de nous des clartés de la voûte azurée
> Doit jouir le dernier ? Est-il aucun moment
> Qui vous puisse assurer d'un second seulement ? » 9

Et d'ailleurs, comme aurait dit le chansonnier qui moqua sottement M. de la Palice, la veille de sa mort, on est encore en vie.

Le monde contemporain a ajouté des inconvénients particuliers sous forme de discrimination. La principale est liée à l'emploi salarié, qui n'est pratiquement plus accessible à partir d'un certain âge, en France tout au moins, quelles que soient la compétence professionnelle et les capacités intellectuelles ou physiques. Tout simplement parce que vous êtes plus coûteux qu'un individu plus jeune et que les entreprises actuelles se moquent de tout ce qui n'est pas le profit de l'actionnaire. Voici ce que s'entend dire un cadre supérieur en recherche d'emploi. « Le problème, c'est votre âge ! Comment voulez-vous retrouver un travail, maintenant que vous avez dépassé "l'âge fatidique "? Plus personne ne voudra de vous désormais! » Et il commente : « Mais maintenant, de toutes parts, on vous fait comprendre que vous êtes rentré chez les *seniors*, ceux qui sont difficiles à embaucher car ils coûtent cher, ceux qui ne sont pas mobiles et ceux qui, paraît-il, sont si réfractaires au changement [...] Vous n'êtes plus une ressource, vous êtes devenu une charge ! » 10

Il y a aussi discrimination dans l'accès au crédit, quelles que soient les garanties que vous pouvez offrir. Vous n'avez plus droit à certains crédits automatiquement renouvelables, ou leurs conditions sont durcies. De même certaines primes d'assurances sont augmentées. Quelques mutuelles santé refusent des contrats à partir d'un âge donné, 64 ans pour certaines. Des sites Internet signalent la difficulté de louer une voiture pour des conducteurs de plus de 65 ans. La liste des discriminations serait assez longue, selon certains de ces sites. Mais les gens âgés ne sont pas des agitateurs. Ils subissent, chacun dans leur coin et ne songent pas à s'organiser collectivement. Il faut dire à leur décharge qu'ils ont été si souvent embrigadés dans des collectifs inutiles, malhonnêtes ou au service exclusif de quelques-uns, qu'ils se méfient à juste titre.

Les choses se gâtent franchement pour ceux qui perdent leur autonomie. « En France, les personnes âgées souffrent de discriminations. Tandis que les discriminations sur l'origine ethnique, l'orientation sexuelle, les positions religieuses, etc. sont condamnées moralement et pénalement par la société, celles sur l'âge sont totalement banalisées ! Par exemple, dans le terrible cas de l'affaire de la maison de retraite de Bayonne, on a vu à la télévision un monsieur dire : "C'est vrai, il y avait des personnes âgées attachées, mais il faut bien le faire quand elles sont turbulentes" ! C'est de la discrimination : imaginez que l'on fasse la même chose à des enfants, tout le monde serait choqué ! » 11 Bien sûr, mais les enfants ont des parents, alors que les vieillards n'ont que des enfants. Ce n'est pas du même ordre. C'est l'un des nombreux domaines où la réciprocité n'est pas toujours de mise.

Certes, des médecins tirent la sonnette d'alarme. Sous le titre : « Dehors, les vieux ! » un gériatre écrit : « [...] Dés lors, comment s'occuper du quatrième âge, sans structures, sans personnels et sans financements ? Comment assurer une prise en charge digne à nos aînés dans un pays qui rejette ses vieux ? » 12

Et au-delà, il y a la maltraitance pure et simple. Physique, d'abord. « Elle correspond à l'addition de multiples dysfonctionnements, qui pris isolément paraissent anodins, mais qui additionnés se révèlent délétères (...) ils vont de la perte de la prothèse dentaire, d'une toilette faire à la va vite, de médicaments laissés sur une tablette, l'initiative de leur prise étant laissée au patient, en passant par une macération dans des draps souillés par des urines ou des matières fécales, une camisole chimique, des décalages horaires dans les soins d'hygiène, l'administration des médicaments et autres. La liste serait longue. » 13

Financière, aussi. On estime ainsi que dans les années à venir une personne de plus de 65 ans sur 5 ou 6 en sera victime, les femmes et les personnes en perte d'autonomie en priorité. Aux États unis on évalue à plus de 5 millions le nombre de victimes de ce type de maltraitance.

Les avantages

Vous êtes vivant

Bien que cet avantage soit surtout comparatif, par rapport à ceux qui ne le sont plus, il n'est cependant pas négligeable. Vous avez échappé aux guerres, aux bombardements, à d'innombrables maladies infantiles et à quelques maladies d'adulte. En aussi à quelques tremblements de terre, inondations et autres catastrophes naturelles. Vous avez évité les accidents de la route, du travail, etc. Dans tous les villages de France, se dressent des monuments aux morts. Ceux dont le nom y est inscrit, n'ont pas eu le temps de vieillir, et pour beaucoup, c'étaient encore des gamins. Avoir vieilli, c'est avoir eu une longue vie! Et de nos jours, c'est avoir une longue vieillesse. Remerciez le Ciel ou le mode de vie que vous avez pu ou su avoir.

Vous avez (un peu) le pouvoir de l'argent

« Mieux vaut faire envie que pitié. »

Proverbe français.

Les personnes de plus de 60 ans sont évidemment minoritaires dans la population française en âge de voter : elles forment environ un tiers des électeurs. Mais en moyenne, elles votent davantage que les plus jeunes. Elles militent moins mais sont plus présentes dans le monde associatif. A titre illustratif, 32% des présidents d'associations ont plus de 65 ans [14], alors que seulement environ 30% des maires ont plus de 60 ans. Tout en pouvant peser d'un poids indéniable, elles sont donc loin d'avoir le pouvoir, En revanche, elles possèdent un patrimoine et des ressources non négligeables, par rapport au reste de la population.

Sur le plan du patrimoine, l'accumulation d'un certain capital, plus ou moins important se faisant au fil des années, les gens les plus âgés sont en position relativement avantageuse. C'est ainsi que les Actifs disposent en moyenne d'un patrimoine de 168,3 milliers d'euros, alors que les Retraités ont un patrimoine de 172,4 milliers d'euros. [15]

Ces moyennes, comme toutes les moyennes sont évidemment trompeuses, elles additionnent des choux et des carottes, comme le Ministère de l'Intérieur additionne les votes blancs et nuls lors des élections. En effet, chez les actifs, les 10%

les plus pauvres ne disposent que de 0,8 milliers d'euros et les retraités de 2,2 milliers d'euros. Alors que les 10% les plus riches disposent respectivement de 381,7 et 398,3 milliers d'euros

Au fil du temps, ce patrimoine s'amenuise, les gens les plus âgés désinvestissant pour différentes raisons, essentiellement pour aider leurs enfants, mais aussi parce que l'inflation grignote les revenus.

En fonction de votre travail et de votre intelligence et peut-être surtout de vos héritages, vous avez pu faire une certaine carrière, épargner et constituer un patrimoine. Mais la meilleure façon de vieillir riche est encore de naître riche. Donc, rien ne remplace la naissance, la chance, éventuellement une certaine flexibilité morale ou un mépris absolu des autres et de leurs droits. « De telles gens ne sont ni parents, ni amis, ni citoyens, ni chrétiens, ni peut-être des hommes. Ils ont de l'argent. » 16. Votre patrimoine est donc mesuré. D'ailleurs, si vous étiez riche, vous n'auriez pas acheté ou emprunté et lu ce livre : ces gens-là ne lisent pas. Mais si mesuré soit-il, ce patrimoine peut faire envie. Nous y reviendrons.

Quant aux revenus constitués par les retraites, signalons une disparité considérable entre les hommes et les femmes. Tout le monde le sait, mais il n'est pas mauvais de le répéter. Très grossièrement en France, en 2004, la retraite moyenne des femmes était de 1000 euros mensuels et celle des hommes de 1500 euros. 17 Ces moyennes recouvrent elles-mêmes des disparités très fortes, mais les chiffres sont à la fois peu accessibles et discutés. Il y a donc un nombre important de retraités dont les revenus sont de l'ordre des minimas sociaux, (trois sur dix environ perçoivent l'allocation dite minimum vieillesse) ce qui oblige non seulement à être économe, mais même à se priver. Les retraités qui prennent des charters pour les Tropiques, le font parce qu'ils sont déjà riches et non parce qu'ils sont retraités et donc riches. La retraite leur apporte le temps, mais non l'argent. Ils l'avaient déjà.

De plus, ces retraites sont relativement précaires. Dans le système français, ce sont des salaires différés, c'est à dire de l'argent que vous avez gagné, ce que l'on oublie parfois un peu trop, mais qui n'est pas dans votre poche. Et un État en faillite peut les réduire du jour au lendemain. Serait-ce moins précaire avec des placements en Bourse ou dans l'immobilier ? Là aussi, il y a de belles faillites !

« Pourvu que çà doure », aurait dit Mme Buonaparte !

Vous avez de l'expérience

« L'expérience, on l'attrape à ses dépens. »

Proverbe français

Elle était valorisée autrefois sur un plan professionnel, mais également moral. « L'expérience est aussi un des avantages du dernier âge. Le passé nous instruit. Les fautes même nous redressent, et nous rendent souvent la raison que l'on conserve rarement dans les bons succès; car les personnes qui ont été toujours heureuses sont rarement dignes de l'être. » 18

Sur le plan professionnel, la rapidité du changement technique a beaucoup dévalué l'expérience, alors que curieusement on reproche aux plus jeunes d'en manquer, mais une fois de plus, toutes les raisons sont bonnes pour diminuer la part de plus-value retournée aux salariés.

« Le prestige de la vieillesse a beaucoup diminué du fait que la notion d'expérience est discréditée. La société technocratique d'aujourd'hui n'estime pas qu'avec les années le savoir s'accumule, mais qu'il se périme. L'âge entraîne une disqualification. Ce sont les valeurs liées à la jeunesse qui sont appréciées. » 19 Et ces valeurs ne sont pas uniquement le goût de l'effort, le sens des responsabilités, l'esprit d'initiative, etc. Elles sont aussi la capacité à coller aux dernières modes et aux dernières lubies du patron, l'intransigeance, un certain égoïsme, etc. Ce n'est pas pour rien que les militants des partis extrémistes sont de très jeunes gens, avec un taux de renouvellement annuel de l'ordre des 30%. Vite recrutés, vite écœurés !

Votre expérience professionnelle se dévalorise donc au fil du temps. Mais sauf exception, vous n'avez plus à la vendre. Vous pouvez même la donner ou l'échanger. Et il vous reste l'expérience que la vie vous a apportée dans différents domaines.

On peut d'ailleurs distinguer les expériences et l'expérience. Les expériences sont le plus souvent affectives et morales. Il y en a d'heureuses et de moins heureuses. Ces dernières sont souvent la trace de coups reçus et non oubliés. Comme telles, elles peuvent être un guide dans l'action à venir. Elles peuvent éviter de retomber dans des erreurs dont on connaît les conséquences. Elles peuvent être aussi inhibitrices, suivant l'adage : chat échaudé craint l'eau froide.

Quant à l'expérience, c'est d'abord un gain de temps et d'énergie. Un automobiliste expérimenté conduit à partir d'automatismes qui lui évitent de réfléchir la plupart du temps. Différents apprentissages restent ainsi disponibles toute la vie, une fois effectués. On dit par exemple qu'on n'oublie jamais la façon de faire du vélo ou du cheval, une fois l'habitude prise.

C'est aussi la possibilité d'appliquer des connaissances accumulées au fil des années et de croiser ces connaissances pour les appliquer de façon nouvelle ou à des domaines nouveaux. C'est ce que font les artistes de génie, mais aussi les bricoleurs !

Vous pouvez goûter pleinement les plaisirs de la vie

«Le temps qui change tout, change aussi nos humeurs.

Chaque âge a ses plaisirs, son esprit, et ses mœurs. »

Boileau, *Art poétique.*

Commençons par un aspect purement physiologique. « Une des conséquences du vieillissement différentiel est que le sujet âgé perd les sens qui explorent à distance. Du coup les autres prennent un place plus importante. C'est le cas par exemple de l'odorat [...] l'olfaction se développe [...] On voit que le vieillissement aboutit à un résultat mélangé : certes l'aptitude à connaître objectivement les choses diminue, mais l'aptitude à les connaître de l'intérieur, à les goûter, à les apprécier, tend à augmenter. » [20]

Un des avantages de votre position est d'abord que vous disposez de plus de temps. Un autre est que vous savez prendre votre temps ou que vous pouvez apprendre à le savoir. Déguster c'est d'abord prendre son temps, de façon à saisir et apprécier toutes les nuances d'un goût, d'un parfum, d'une couleur, d'un bruit ou d'une musique.

C'est aussi s'efforcer très consciemment de ressentir pleinement ce que l'on ressent. « Cela lui rappela l'enseignement religieux à l'ashram : " Je marche, je suis conscient de marcher. Je mange la pomme, je sais que je suis en train de manger la pomme. Je suis heureux de le savoir." Ils utilisaient ce genre d'exemples pour exprimer le bonheur d'une vie où l'on parviendrait à tout ressentir dans l'instant présent. » [21] Vous n'êtes évidemment pas obligé de le vivre comme un exercice spirituel. Mais après tout, pourquoi pas ?

Vous pouvez aussi vous arrêter devant ce qui autrefois vous aurait paru banal, écraser une feuille de menthe au lieu de respirer les parfums d'une rue aux épices d'une ville hindoue, un peu trop lointaine désormais pour vous. Détailler tous les ors d'un arbre à l'automne, car vous n'irez plus détailler tous les ocres d'un désert. Vous pourrez, si vous y mettez l'attention nécessaire, faire surgir du quotidien des sensations aussi riches que le sont dans vos souvenirs les sensations les plus exotiques.

Vous pouvez donc vous engager à fond dans ce que vous faites et ce que vous ressentez.

Vous pouvez aussi mélanger présent et passé, sensation actuelle et mémoire, comme fait le Narrateur de Proust en goûtant la fameuse madeleine. Et l'expérience passée enrichit le moment présent et s'enrichit du moment présent.

Vos sensations peuvent être aiguisées aussi par le fait que désormais, elles peuvent atteindre leur plénitude, parce que vous savez qu'elles peuvent s'interrompre définitivement d'un moment à l'autre. Cette idée est familière aux auteurs classiques.

Sénèque : « Eh bien, faisons-lui bon accueil à cette vieillesse, aimons-la. Pour qui sait en jouir, la vieillesse est pleine de douceurs. Les fruits ont plus de saveur, quand ils se passent, l'enfance plus de grâce, quand elle a fait place à la jeunesse. Le buveur trouve plus de charmes au dernier coup de vin, à celui qui le fait succomber, qui complète son ivresse. C'est au moment de finir, que la volupté fait sentir ses plus vifs aiguillons. L'âge le plus heureux de la vie est celui où, déjà sur le déclin, nous ne touchons pas encore à la tombe. » 22

Montaigne : « Je sens comme les autres hommes; mais ce n'est pas en passant et en glissant. A mesure que la possession de la vie est plus courte, je veux la rendre plus vive, plus pleine et plus profonde. Je veux arrêter la légèreté de sa fuite par la promptitude de ma saisie. Il faut secourir la vieillesse; il faut l'étayer. Je m'aide de tout ; et de la sagesse et de la folie... » 23

Cette idée n'est pas non plus étrangère aux auteurs modernes, ici sous une forme légèrement différente : « Je savais désormais ce qu'il y aurait à regarder quand il n'y a aura plus rien à regarder que le blanc du tablier de l'infirmière, quand les membres douloureux chercheront en vain quelque fraîcheur et qu'avant de se laisser sombrer dans le lourd sommeil vide, il y aura ce regard sur le blanc du tablier de l'infirmière. Je m'étais souvent demandé ce que pouvait être cet ultime regard quand on sait qu'il n'y a plus rien à emporter et nulle part où l'emporter. Je savais désormais que c'était de pouvoir me dire : encore une fois je regarde. Encore une fois, il me faut saisir ce que ce blanc a de particulier, ce blanc un peu trop blanc et pourtant mat du coton, et ces quelques ombres dans les plis qui reflètent la couleur des murs ou des draps. Et comparer ces blancs à d'autres, se souvenir d'un rien de peau, de l'émail des dents, de l'œil dans le regard oblique qui sourit. Une fois encore... » 24

Vous êtes libre

Vous l'êtes physiquement, puisque vous n'êtes plus obligé de vous rendre quotidiennement à votre travail et que vous n'êtes plus tenu de rentrer tard le soir, non pas tant pour travailler que pour ne pas partir avant celui qui se prenait pour votre patron. Vous pouvez voyager à n'importe quelle époque de l'année, éviter les hordes de vacanciers et admirer enfin Venise sous la brume. Vous pouvez aussi voir les rares émissions intéressantes de la télévision qui passent fort tard dans la nuit ou lire jusqu'à trois heures du matin.

Vous l'êtes socialement, car il n'est plus nécessaire de donner l'image de la réussite, si nécessaire pour réussir ou tout du moins surnager. Vous pouvez échapper à ces déjeuners dits d'affaires où il faut être constamment sur ses gardes. Vous pouvez esquiver ces relations soi-disant amicales, qui sont en fait professionnelles et qui ennuient tant votre conjoint. Vous pouvez... beaucoup de choses. A vous de les choisir.

« Un des avantages de la vieillesse, c'est la liberté. Pisistrate demandait à Solon, sur quoi était appuyée sa liberté. Sur ma vieillesse qui n'a plus rien à craindre, lui répondit-il. Le dernier âge nous affranchit de la tyrannie de l'opinion. Quand on est jeune, on ne songe qu'à vivre dans l'idée d'autrui : il faut établir sa réputation et se donner une place honorable dans l'idée d'autrui et être heureux même dans leur idée. […] Dans un autre âge, nous revenons à nous. Nous commençons à nous consulter et à nous croire [...] Les hommes ont perdu le droit de nous tromper. » 25

Quand vous n'avez plus de soucis d'image ou de carrière, vous acquérez d'autre part une singulière autonomie de pensée. Vous pouvez vous laisser éprouver sans fausse honte des sentiments qui sont de votre âge. De façon globale, l'on est plutôt du « parti du mouvement » quand on est jeune, et du « parti de l'ordre » en vieillissant. On est parfois un peu gêné par ce glissement qu'on éprouve, que l'on connaît, mais sans se l'avouer et surtout sans l'avouer aux autres. Vous avez peut-être crié « CRS, SS » lors de votre folle jeunesse, mais vous pouvez être heureux de les rencontrer lorsqu'un pneu de votre automobile a crevé sur une route de campagne et que la police de la route vous vient en aide. Et vous pouvez non seulement penser mais affirmer à l'un de vos petits-enfants, celui de tendance anarchiste, sinon « autonome », que ce ne sont pas des monstres. Enfin, pas tous!

La cessation de la vie professionnelle

« Fugit inreparabile tempus. »

(Le temps fuit sans retour)

Virgile, *Géorgiques.*

Autrefois, il n'y avait pas, dans la majorité des cas, de cessation vraiment complète et brutale de l'activité professionnelle. « Mon grand-père paternel est mort à son établi à 80 ans passés ». Les paysans changeaient d'activités ou les diminuaient en fonction de leurs forces, les artisans aussi. Si l'on considère le taux d'activité professionnelle à 65 ans et plus, il était, pour les hommes, de 82 % en 1906, de 48 % en 1962 et de 13% en 1975 pour le secteur agricole. Pour le secteur non agricole, les chiffres sont respectivement de 49%, 20% et 10%. Pour les femmes, grossièrement, il suffit de diviser ces pourcentages par deux.

Historiquement, la mise en place de retraites est très progressive. Le premier régime fut institué par Colbert en 1681 au profit des marins. Puis l'État mit en place un régime pour les personnels militaires en 1831. Puis en 1910, pour les retraites ouvrières et paysannes. Ce n'est qu'après 1945 que s'établit un régime dit général au profit de tous les salariés.

De nos jours, la cessation de la vie professionnelle peut précéder et de loin, le vieillissement physique, alors qu'autrefois ce dernier en était la cause et était de l'ordre du renoncement personnel et non de la contrainte légale ou organisationnelle. Désormais, vieillir, c'est être mis à la retraite, plus ou moins tôt et avec plus ou moins d'égards. Là comme ailleurs, l'égalité n'est pas la règle. On sait que, en moyenne, les ouvriers meurent plus jeunes que les ingénieurs ou que les cadres. On sait aussi que « la retraite officielle n'a pas le même sens pour toutes les classes sociale ; elle n'entraîne pas nécessairement la cessation de toutes formes d'activité [...] On le voit notamment dans le cas des membres des différentes fractions de la classe dominante pour lesquels la mise à la retraite, outre qu'elle intervient souvent plus tard, n'implique pas automatiquement le retrait de toutes les positions occupées[...] » 26

Un univers entre autres, semble échapper à cette règle de la cessation d'activités avec l'âge, celui des gens qui passent à la télévision, animateurs, vedettes ou experts en tous genres. Ce sont toujours les mêmes et il ne semble pas qu'il y ait beaucoup de changements au fil des années, un peu comme au Sénat. Il est probable que le public aime retrouver des visages connus. Il est possible aussi que ce soit le résultat d'un vaste et intense système relationnel ou de pressions extérieures. Quoiqu'il en soit, c'est un des rares univers où les gens âgés trouvent leur place sans problème et semblent avoir une image positive. Peut-être tout simplement parce que les téléspectateurs sont âgés, les plus jeunes étant davantage intéressés par d'autres technologies.

Mais sauf ces rares exceptions dues aux privilèges que s'octroient les privilégiés, cette retraite a des conséquences profondes.

Les conséquences négatives

Les conséquences négatives de cette disparition sont bien connues. La relation sociale professionnelle est certes souvent difficile, car elle est compétitive. Compétition interne, avec les jalousies des collègues et les chausse-trappes des supérieurs. Compétition externe, avec les fournisseurs, les clients ou les concurrents. Dans d'autres cas, cette relation était source de camaraderie sinon d'amitié, surtout avec les membres d'autres services avec lesquels on n'était pas en concurrence. Le plus souvent, ces relations s'affaiblissent vite puis, sauf exception, disparaissent. Votre départ a laissé une place à prendre et certains s'en sont réjouis. D'autres ont pillé vos dossiers. Les centres d'intérêt communs s'amenuisent. Avec les plus jeunes les divergences sur d'innombrables sujets deviennent infranchissables. Ce qui fait une partie de votre richesse, l'expérience, est vu par eux comme un handicap, une forme de résistance sénile au changement. Pour eux, vous êtes devenu un *has been*. Pour vous, le spectacle de ces marionnettes aux ambitions parfois féroces (avec le temps, vous devenez cynique !) n'est plus qu'un sujet d'étonnement. Cette disparition des relations sociales professionnelles laisse cependant un vide, qui ne sera comblé que lentement par d'autres relations. Dans nombre de cas, il ne sera jamais vraiment comblé.

La vie professionnelle a souvent été source d'anxiété sinon d'angoisse, mais si elle était source de préoccupations, elle était évidemment source d'occupations, parfois fatigantes et parfois passionnantes. Dans les meilleurs des cas, elle était même source d'enrichissement intellectuel ou en tout cas d'exercice intellectuel. Là aussi, elle devra être remplacée par d'autres occupations intellectuelles. De plus certaines professions ont l'avantage de mettre en relation avec des individus ayant d'autres métiers, d'autres formations, d'autres façons de voir, ou même appartenant à d'autres cultures. Ce peut être source d'enrichissement, là aussi difficile à remplacer.

La seconde conséquence négative de cette disparition est un amenuisement du revenu. Plus d'heures supplémentaires, de gratifications ou de bonus. Plus de frais professionnels. Plus de voyages d'affaires que l'on pouvait combiner avec quelques heures ou quelques jours de vacances. Sauf exception, vos revenus sont fixes … et réduits. Il y a eu des décisions à prendre telle celle de changer de logement. Il y en a peut-être encore à prendre et si possible, sans tarder.

Une autre conséquence qui peut être négative, pas toujours

cependant, est que vous allez passer le plus clair de votre temps à votre foyer, ce dont ni vous ni votre conjoint n'avez l'habitude. Ce peut être source de tension. Car « certains couples n'ont véritablement plus rien à se dire. La situation devient alors insupportable. Face à face et ensemble toute la journée, certains ménages se brisent et malgré les 20, 30 ou 40 ans de vie commune, les époux préfèrent se séparer plutôt que d'avoir à vivre dans un conflit permanent et sans répits. » 27

Cette période est évidemment l'un des caps particulièrement difficiles à négocier. En effet, le couple est souvent marié depuis deux ou trois décennies. La passion a disparu, l'amour s'est effrité, la vie quotidienne est touchée par le mesquin. Et pour des raisons évidentes d'âge, c'est le moment ou jamais des grandes remises en questions. La carrière est finie ou ne connaîtra plus de développements spectaculaires. Le problème des enfants ne se pose plus guère, puisque ces derniers ont généralement quitté le foyer familial. Pour l'un au moins des époux, il est encore temps de refaire sa vie, d'où un grand nombre de séparations à ce moment-là.

Le pourcentage des divorces de personnes de 60 ans et plus a d'ailleurs fortement augmenté au cours de la dernière décennie : 28% de plus chez les femmes et 39% de plus chez les hommes. Il est vrai que de 1996 à 2007, le pourcentage de divorces rapporté aux mariages dans l'ensemble de la population, est passé de 38 % à 45,5 %. 28

Et ce sont les femmes qui en majorité prennent l'initiative : « The majority of midlife divorces are initiated by women. » 29 Selon la même source, 66 % des femmes déclarent que ce sont elles qui ont demandé le divorce, contre 41 % des hommes. Et de plus, 26 % des hommes n'ont rien vu venir, alors que les femmes ne sont que 14 % dans ce cas

« Les principales raisons qui motivent les femmes à demander le divorce sont les abus physiques et psychologiques, l'infidélité et la prise de drogues et d'alcool. Les hommes restent plus évasifs et stipulent l'absence de sentiments et des valeurs et des styles de vie différents. En tout cas, 93% des femmes et 78% des hommes jugent leur conjoint(e) responsable et 70% pensent avoir fait le bon choix en divorçant. » 30 Donc, de leur point de vue, l'auteur aurait du ranger ces divorces dans la catégorie des conséquences positives.

Les conséquences positives

Elles sont plus nombreuses mais surtout plus riches de possibilités que les conséquences négatives, évidemment. Pour les résumer, vous êtes devenu beaucoup plus libre.

Vous êtes d'abord moins écrasé de responsabilités professionnelles. Vous ne vous devez plus à votre entreprise, à votre patron, à vos collègues. Vous n'avez plus de supérieur hiérarchique, lequel était parfois difficile à vivre. Vous n'avez plus de budget à tenir, de marchés à conquérir, de résultats à obtenir et bien souvent sans les moyens qui seraient nécessaires pour travailler sereinement. Et l'on ne peut plus vous licencier.

Vous n'êtes plus, non plus, obligé de célébrer le génie de votre PDG, de vanter les produits de votre entreprise, ni de vous couler dans quelque pensée dominante. Vous pouvez même oublier le charabia professionnel et les tics de langage de votre statut et de votre métier. Ou oublier vos efforts pour avoir une « conscience de classe », utiliser efficacement la dialectique, « positiver » tous vos actes et même vos pensées, ou ne songer qu'à augmenter la plus-value pour l'actionnaire A l'intérieur des lois, certes de plus en plus contraignantes, et tant que cela n'est pas sur la place publique, vous pouvez dire ce que vous pensez et dans votre langage à vous. Vous en aviez peut-être un peu perdu l'habitude, vous pouvez la reprendre. « L'homme sage est occupé dans la dernière partie de sa vie à se guérir des folies, préjugés et fausses opinions qu'il avait contractés dans la première. » 31

De plus, vous avez du temps et du temps libre. La vie est donc beaucoup moins stressante, mais surtout vous pouvez l'occuper à ce qui vous intéresse vraiment. Votre vie professionnelle a sans doute limité vos activités strictement personnelles, mais a surtout limité l'envie d'en avoir. L'épanouissement personnel demande du temps, temps dont vous disposez désormais.

« Pour les Grecs et pour les Romains, travailler était toujours le signe d'une sorte de déchéance, et pérégrins, métèques et esclaves étaient exclus de la citoyenneté du fait même qu'ils travaillaient. Non pas du tout que les citoyens du Monde Antique se fussent enfermés dans la stérile oisiveté de l'ennui ! Ils n'étaient certes pas inactifs ; mais leurs activités étaient considérées comme de nature plus haute que le travail productif, au nombre desquelles on trouvait : le soin de la cité, de la famille, des dieux, la pratique des arts, des sciences et de la philosophie, et encore celle de l'amour. Il devient donc urgent de voir dans le temps de la retraite, autre chose qu'un temps vainement occupé, mais au contraire le temps où, libéré de l'affairement, l'homme consacre son industrie à ce qui vaut vraiment. » [32]

Ces oppositions nous paraissent un peu stériles, car de nos jours, il ne viendrait pas à l'idée que l'activité d'un homme politique soit « plus haute » que celle d'un accoucheur. Votre activité professionnelle était donc peut-être à la fois passionnante et utile à l'humanité. Mais vous ne l'exercez plus et il vous faut maintenant vous consacrer à autre chose, d'aussi passionnant si possible.

Vous pouvez aussi profiter de ce temps pour mettre un peu plus d'ordre dans vos affaires, notamment financières. Lorsque vous aviez un emploi, vous aviez peu de temps, mais un peu plus d'argent. Vous vous êtes peut-être un peu laissé aller en termes de crédits ou d'abonnements. Vous avez peut-être plusieurs crédits automatiquement renouvelables, dont certains coûteux. C'est sans doute le moment de les restructurer. Peut-être avez-vous deux téléphones portables ? Ou deux abonnements à Internet ? Est-ce vraiment nécessaire maintenant ? C'est donc le moment de les réduire. Les fournisseurs ont évidemment pour politique des rendre les abonnements extrêmement simples mais les désabonnements très compliqués sinon très coûteux. D'ailleurs sur leurs sites Internet, il n'y a jamais de rubrique désabonnement. Les associations de consommateurs ont beau crier, l'État laisse faire et se garde bien d'encourager des « class-actions », c'est à dire des plaintes collectives devant les tribunaux. Il vient certes de le permettre récemment mais de façon très restrictive. Vous avez maintenant le temps de lire vos contrats point par point, d'envoyer les lettres recommandées nécessaires et de ne plus vous faire tondre la laine sur le dos.

Vous pouvez aussi être plus actif au niveau de votre copropriété ou plus pressant quant aux travaux que devrait faire votre propriétaire, ou... Les sujets ne manquent pas. Faites le maintenant, car lorsque vous serez plus âgé, les choses seront plus difficiles. Jusqu'ici, le jour suivant pouvait être prévu comme une répétition du jour présent, et vous pouviez reporter au lendemain telle ou telle tâche, sans que cela pose un vrai problème. Désormais, vous ignorez quel handicap va tomber sur vous à n'importe quel moment, et reporter c'est peut-être reporter à un moment où vous ne pourrez plus faire aisément ce que vous aviez prévu.

Les relations avec autrui

« Pour être aimé, il faut être aimable. »

Proverbe français.

Comme tout proverbe, celui-ci peut être retourné et l'expérience apprend que les gens les plus aimés ne sont pas obligatoirement les plus aimables, mais ne sont que clinquants, contents d'eux et même parfois purement et simplement odieux. Dans ce domaine comme dans beaucoup d'autres, il n'y a guère de justice.

Le point le plus important est que pour une bonne part, les relations avec autrui sont désormais fixées, sinon durcies. Des actes irrémédiables, tels que le divorce, sont intervenus. Des paroles impardonnables ont été dites. Des sentiments se sont sclérosés ou dégradés ou même inversés. Des corps ont vieilli. Des défauts autrefois charmants sont devenus insupportables. Beaucoup de choses ne peuvent plus être rattrapées. Dans le pire des cas, pour une part, vos relations sont un champ de ruines, pour une autre un désert. Dans d'autres, les relations avec l'entourage se sont figées dans une certaine mauvaise humeur. Dans le meilleur des cas, on a réussi à construire ou à reconstruire des relations suffisamment harmonieuses pour être agréables la plupart du temps.

Il va de soi que cette harmonie ou cette dégradation ne sont pas uniformes. La relation dans le couple a pu être préservée alors que celle avec certains enfants est devenue plus ou moins conflictuelle. Ou l'inverse. Mais le plus souvent, il y a un certain parallélisme. Bien des enfants ne pardonnent pas le divorce de leurs parents. Parfois à juste titre, l'atmosphère étant irrespirable. Parfois, par égoïsme, parce qu'ils pensent plus ou moins, mais sans se l'avouer, que ces derniers auraient du sacrifier leur vie à celle de leurs enfants.

L'on revient difficilement sur le passé. Mais surtout les autres y reviennent encore plus difficilement ! Leurs souvenirs d'évènements vécus en commun sont radicalement différents des vôtres. Des griefs qui vous paraissent de peu d'importance ont pris une ampleur qui vous étonne. Des détails, ou ce qui vous paraît tel, que vous aviez oubliés, resurgissent avec violence. L'interprétation de certains de vos actes n'a rien à voir avec celle que vous leur donniez ou leur donnez désormais.

N'oublions pas que pour la plupart des êtres humains, les droits sont beaucoup plus étendus que les devoirs. Et qu'ils y tiennent beaucoup plus. Leurs devoirs sont imposés par une société injuste et brutale, tandis que leurs droits sont naturels, ou même donnés par Dieu. Et ils sont prêts à les faire valoir si nécessaire par une « légitime » violence, fut-ce seulement psychologique. Or celle-ci est légale le plus souvent et peut-être plus pénible encore que la violence physique, surtout lorsqu'on est jeune ou... vieux.

Faire un état des lieux est un préalable obligé si l'on veut changer quoi que ce soit ou, à tout le moins, optimiser l'existant sans changements profonds. Souvent, l'on se refuse à voir ce qui est évident et saute aux yeux de ceux qui ne sont pas englués dans telle ou telle relation.

La solution courageuse, un peu fastidieuse et pénible, serait de prendre successivement chaque membre de votre entourage et de faire le point sur votre relation avec lui … et sa relation avec vous. Les deux sont liées mais pas obligatoirement de façon symétrique et l'on peut tenir à quelqu'un auquel on est indifférent ou qui ne vous aime pas du tout ou même qu'on agace. Certaines relations amoureuses en sont un bon exemple.

Les conseils traditionnels

Dans la seconde moitié du XX° siècle, à l'époque du « Souriez et l'on vous sourira », qui fait désormais sourire, un auteur formule ainsi des conseils aux gens âgés.

« Parle le moins possible de tes douleurs et de tes troubles de santé. Dis-toi bien qu'ils n'intéressent personne. Si tu en parles, tu ennuiera les gens. Mais parle leur de leur propre santé, de leurs enfants, de leurs affaire, tu les verras tout de suite intéressés. Ils s'épancheront abondamment et te quitteront en pensant que tu es un aimable vieillard

« Va voir tes amis, mais pas trop souvent et n'y reste pas trop longtemps. Sans quoi, ils penseront : il m'embête ce vieux, qui vient tous les quatre matins me faire perdre mon temps

« Si tu habites avec tes enfants et qu'ils reçoivent des amis à dîner, prend prétexte que tes yeux papillotent pour te retirer de bonne heure. Après ton départ, la conversation sera aussitôt plus animée, plus intime, plus joyeuse.

« Ne sois pas, ou le moins possible une charge pour tes proches. Débrouille-toi pour n'avoir besoin de personne. Accepte volontiers de rester seul.

« Apprends à apprécier, à aimer, à bien utiliser la solitude. Elle te permet de faire de longues promenades, excellentes pour ton équilibre physique; de développer ta culture, en lisant les livres et en écoutant les émissions qui t'intéressent; de cultiver tes aptitudes naturelles : musique dessin, aquarelle, etc.

« Intéresse toi à tes voisins et aux gens avec lesquels tu as des contacts Rend leur de petits services chaque fois que tu en as l'occasion. Si; du fait que tu disposes de temps et de quelques moyens, tu es à même de rendre, à quelques-uns, des services plus importants, fais-le avec discernement mais aussi avec générosité. Ils ne t'en témoignent aucune reconnaissance ? La belle affaire ! Ce qui compte pour toi, c'est la douceur intime d'avoir aidé efficacement quelques amis. » [33]

C'est de bon sens ! Mais le tutoiement utilisé est un peu agaçant. On ne tutoie guère que les enfants. D'autre part, ce bon sens se résume à : faites-vous invisible ! Ce peut être de bonne tactique dans certaines situations. Ce peut être aussi un aveu de faiblesse, dont certains pourraient profiter. Faites bien la balance avantages / inconvénients d'une telle attitude.

D'autres conseils

Globalement, il y a une sorte de « lutte de classe », ou à tout le moins une lutte pour le pouvoir, entre les plus jeunes et les plus âgés. La plupart des mouvements artistiques nouveaux s'imposent contre des idéologies établies et des situations acquises, ce qui est normal. Ce qui l'est parfois moins, c'est la façon dont ils utilisent jusqu'aux moyens les plus bas pour y parvenir, de l'attaque *ad hominem* aux injures les plus grossières. C'est ainsi qu'Aragon a écrit : « Je tiens tout admirateur d'Anatole France pour un être dégradé. » 34 De la part d'un stalinien aussi féroce, l'injure vaut compliment. Et d'ailleurs qui lit Aragon de nos jours, maintenant que le parti communiste (le Parti.!) n'est plus qu'un fantôme ?

Une bonne partie des sentiments que l'on éprouve pour vous dans votre entourage, oscille donc probablement entre le mépris (vous n'êtes plus capable de ceci ou de cela...), l'envie (vous possédez un logement, des meubles peut-être anciens ou de valeur, un certain patrimoine, etc.) et une certaine charité chrétienne teintée de condescendance. Au mieux, vous êtes ringard, mais on le tolère plus ou moins. Au pire, vous êtes un empêcheur de tourner en rond qui ne comprend rien à rien, gêne tout le monde et se permet de plus de donner des conseils. C'est une constante humaine : « Les vieillards pensent qu'on les méprise, qu'on les regarde de haut, qu'on se moque d'eux. » 35 Et s'ils le pensent, c'est qu'ils ont de bonnes raisons de le déduire de ce qu'ils voient autour d'eux.

Dans bien des situations, vous fermez les yeux ou un début de surdité vraie, toutefois en partie exagérée, vous fait ne pas entendre certaines choses. Mais vous percevez autour de vous, parfois, une certaine impatience ou même un certain agacement. Et vous avez le sentiment que les autres ont le sentiment que vous n'êtes plus une ressource, mais le plus souvent une charge et une charge de plus en plus lourde, le temps passant.

« Le vieux Caton disait, de son temps : "autant de valets, autant d'ennemis." Compte tenu de la différence entre la pureté de son siècle et celle du nôtre, on peut se demander s'il n'a pas voulu nous prévenir de ce que femme, fils, et valets étaient autant d'ennemis pour nous. Être vieux et décrépit nous procure du moins cet avantage commode de ne nous apercevoir de rien, de demeurer ignorants de ce qui nous entoure, de nous laisser tromper facilement. Si nous étions vraiment conscients de tout cela, pauvres de nous ! Et spécialement en ce moment, où les juges qui ont à trancher nos différends sont généralement du côté de la jeunesse, et se laissent couramment acheter... »36 *Nil novi sub sole.*

Il ne vous reste, dans certains cas, que la ressource financière que certains savent utiliser à leur profit avec d'ailleurs plus ou moins de délicatesse, et qu'il ne faut point dilapider. « Si je prends l'exemple de certains de nos enfants et petits-enfants, ils sont envieux de notre vie de retraité, et leurs visites ne sont pas toujours désintéressées, ils savent bien nous faire comprendre qu'ils attendent un petit chèque!!! » 37

Et l'argent est le nerf de la guerre, on l'a toujours constaté. « On peut me répondre, comme le fit un jour un seigneur fort intelligent, qu'il n'économisait ses richesses que pour en tirer l'avantage d'être honoré et recherché par les siens, et que l'âge lui ayant enlevé toutes ses forces, c'était là le seul moyen qui lui restait pour conserver son autorité dans sa famille, et éviter de devenir pour tout le monde un objet de dédain et de mépris. » 38 C'est un peu cynique, mais assez sage.

Le premier principe est que prêter de l'argent est presque toujours une mauvaise affaire. De même que les promesses n'engagent que ceux qui les écoutent et non ceux qui les font, le prêt n'engage que le prêteur. L'emprunteur, lui, l'oublie très vite et très naturellement et la seule politesse empêche parfois de rappeler des engagements pourtant solennels. « Ange pour emprunter, diable pour rendre. »

Le second principe est que les cadeaux doivent être répétés pour être reconnus comme tels. Un étudiant oubliera très vite que vous payez son loyer par prélèvement bancaire automatique sur votre compte. Vous n'avez fait de cadeau qu'une fois, le jour où vous avez accepté ce prélèvement. S'il doit chaque mois vous demander un chèque, il n'appréciera peut-être pas le geste mais il sera confronté à un principe de réalité, qui est que c'est vous qui payez. A notre époque le nécessaire est un dû, dû par l'état, la collectivité, la famille. Seul le superflu est un cadeau et fait plaisir, et encore... A la limite, on vous saura davantage gré d'offrir des fleurs que de payer le boucher. L'idéal, pour l'autre, et qu'il considère plus ou moins comme un dû, étant évidemment que vous fassiez les deux.

Un autre principe est que vous devez vous faire désirer. C'est un principe très général dans les relations humaines, celui du boomerang. Plus vous renvoyez autrui, plus il revient vers vous. Inutile d'être toujours à l'heure lors de vos rendez-vous. Inutile même parfois d'être courtois ou prévenant. Une fois de plus, pour l'autre c'est un dû et vous ne faites que votre devoir. Alors qu'un refus net ou un caprice bien placé vous feront exister et obligeront à tenir compte de vous. C'est dommage, mais c'est ainsi.

Enfin, il ne faut pas craindre d'être un peu craint. « La vieillesse manque de tant de choses, elle est tellement impuissante et si facilement méprisable, que le mieux qu'elle puisse faire, c'est de gagner l'affection et l'amour des siens : le commandement et la crainte ne sont plus des armes pour elle. » [39] Montaigne a raison sur le plan moral. Sur le plan de l'efficacité, c'est tout autre chose et la crainte n'est-elle pas le commencement de la sagesse ? A titre de simple comparaison, les enseignants actuels ne savent plus ou ne peuvent plus se faire respecter. Ils le paient très cher en termes de stress personnel, de statut social collectif dégradé et d'efficacité professionnelle réduite.

Les relations avec les frères et sœurs

Vous les aviez peut-être un peu oubliés ou même volontairement négligés parce que la vie, vos mariages respectifs, des évolutions de carrière divergentes, des désaccords qui sont allés en s'aggravant, ont refroidi les relations ou les ont espacées jusqu'à l'inexistant. Il n'est pas toujours facile de renouer des liens distendus, et parfois, l'on n'a réellement pas grand chose à se dire. Mais si vous voulez que des relations harmonieuses existent dans la famille que vous avez fondée, il serait souhaitable que des relations du même ordre existent au sein de la famille dont vous avez hérité. Seul l'exemple a du sens. Il est vrai que de nos jours, donner l'exemple est une notion un peu oubliée sinon franchement obsolète. Voyez cependant ce que vous pouvez faire.

Les relations avec le conjoint

La littérature offre deux exemples extrêmes de cette relation. Dans le premier, un amour, l'Amour, qui dure jusque dans la vieillesse. Il nous vient de l'antiquité et a été repris par La Fontaine.

> « Philémon et Baucis nous en offrent l'exemple : [ ]
> Hyménée et l'Amour, par des désirs constants,
> Avaient uni leurs cœurs dès leur plus doux printemps.
> Ni le temps ni l'hymen n'éteignirent leur flamme ; [ ]
> Tout vieillit : sur leur front les rides s'étendaient ;
> L'amitié modéra leurs feux sans les détruire,
> Et par des traits d'amour sut encore se produire. » 40

Dans le second, *La Poison*, film français réalisé par Sacha

Guitry en 1951, où Paul Braconnier et sa femme Blandine n'ont qu'une seule idée en tête : trouver le moyen d'assassiner l'autre sans risque. Michel Simon y joue un personnage clé de façon prodigieuse.

La littérature est cependant rare sur le sujet. Les auteures tant françaises qu'américaines, celles qui écrivent des romans à succès vendus dans le monde entier à des millions d'exemplaires, présentent des héroïnes qui dépassent rarement la cinquantaine, si les hommes peuvent être un peu plus âgés. Semble-t-il parce qu'à partir de cet âge, il devient difficile d'avoir un enfant, et que l'héroïne, après avoir subi bien des épreuves, ne peut accéder au bonheur avec un nouveau partenaire que si ce bonheur se concrétise dans un enfant.

Le plus souvent les relations dans un couple vieilli ne sont ni idylliques ni monstrueuses. Et ce qui les guette n'est ni le romanesque ni le tragique mais le mesquin. Cela se soigne, dit-on, et dans le jargon de ces spécialistes il y a des psychothérapies pour conjungopathies. Cela ne s'invente pas !

Généralement dans un couple, la relation est inégale, et l'un domine l'autre, soit par l'intelligence, le caractère, l'ambition, l'activité, soit tout simplement par les cris ou plus modestement une capacité à bouder et arborer un air renfrogné qui dépasse largement celle de l'autre. Mais souvent, il ne faut pas se fier aux apparences. L'un peut paraître dominer, tout en se laissant mener par le bout du nez. C'est souvent le cas de l'homme socialement habitué à arborer sa virilité, tandis que la femme, tout au moins traditionnellement, habituée à se fier plus à son charme, utilisera des moyens plus détournés et telle le roseau de la fable, pliera en apparence, mais ne rompra pas et finalement imposera ses vues. « *Ad augusta per angusta* » pourrait être sa devise. Tous les cas de figure sont possibles, de la domination pure et simple à des compromis acceptables par les deux parties.

Certains auteurs, selon des recherches menées au Canada,

pensent que « les couples âgés sont plus heureux en amour que la moyenne, tous âges confondus, et continuent à avoir une vie sexuelle souvent satisfaisante sinon épanouie, en dépit de quelques difficultés physiologiques. Les statistiques sont claires: les personnes âgées (celles de plus de 65 ans) obtiennent entre 119 et 120 points sur l'échelle Spanier, destinée à mesurer la satisfaction dans une relation de couple, tandis que la moyenne nationale est de 114. L'échelle tient compte de la satisfaction sexuelle, mais aussi de la communication à l'intérieur du couple, de sa cohésion et de son fonctionnement en général. Certes, ce bon résultat pourrait s'expliquer par le fait que les couples qui avaient des problèmes ont divorcé et que l'enquête ne touche donc que ceux qui ont résisté à l'usure. Il reste que, une fois à la retraite, les partenaires ont beaucoup plus de temps à passer ensemble, pour partager leurs activités et donc qu'ils peuvent vivre "une deuxième lune de miel" »

Mais le fait que l'on est presque toute la journée ensemble peut être aussi une charge, nous l'avons déjà dit. Pour certains, le travail était en fait un refuge face à une vie familiale devenue une simple habitude ou décevante ou à la limite du supportable. Et autrefois, les parties de cartes au bistrot du coin, le jardinage, la pêche à la ligne ou le bricolage dans le garage, avaient surtout pour fonction d'éloigner du foyer conjugal quelques heures par jour. C'est un peu moins simple dans un appartement en ville. Si vous désirez un peu de solitude, il vous faudra inventer une activité extérieure. Il n'en manque pas et vous pouvez explorer la vie associative de votre commune ou de votre quartier. Il y a beaucoup de déchet, mais aussi parfois des pépites. Si rien ne vous convient, créez et demandez une subvention ! Vous en serez quitte pour coller quelques affiches électorales, car bien sûr l'"on n'a rien sans rien.

Un cas extrême, celui des violences conjugales

Il faut aussi parler des violences conjugales. Là, comme sur bien d'autres sujets, on manque de chiffres précis, fiables, récents et acceptés par tous, sauf peut-être pour les femmes battues, sujet le mieux exploré. On ignore à peu près le pourcentage d'hommes victimes de ces violences, et l'on se contente d'évaluations. On ignore s'il y a des variations avec l'âge. Tout le monde semble d'accord pour dire qu'il n'y a pas de différences selon le milieu social, ni selon l'orientation sexuelle : « La violence conjugale chez les couples homosexuels est devenue le troisième problème de santé en importance chez les gais et lesbiennes, et ce, après l'infection au VIH et les abus d'alcool et de substances psychotropes. » 41 Mais, « on ne dispose d'aucune statistique fiable. En effet les statistiques sur la violence dans les couples lesbiens varient entre 11% et 60 %. Cela montre qu'on cherche soit à la minimiser et à la nier, soit à l'augmenter. » 42

C'est une violence physique souvent, mais surtout psychologique. « Elle peut revêtir de nombreuses formes : harcèlement, humiliations, intimidations, menaces (y compris celle de révéler publiquement son homosexualité et/ou sa séropositivité si l'autre n'en a pas envie), dévalorisation de la sexualité du partenaire, isolation sociale forcée du partenaire. Elle peut aussi consister à ne pas respecter ou ridiculiser par exemple les croyances religieuses ou spirituelles de son partenaire ou de l'empêcher de les pratiquer. Il y a aussi la violence psychologique exercée via la domination économique. Maintenir son partenaire dans une dépendance financière en l'empêchant d'avoir accès à ses ressources propres ; l'empêcher d'exercer une activité professionnelle ; mais aussi accumuler des dépenses inconsidérées ou des dettes et mettre ainsi son partenaire dans l'embarras. » 43

Si vous êtes l'auteur de ces violences, des conseils ne serviront à rien et il est donc inutile d'en donner. Si vous êtes victime, essayez au moins d'en parler. C'est le premier pas pour s'en sortir, de l'avis général.

Un autre cas extrême, la rupture

Nous avons vu précédemment qu'au fil des années, les divorces étaient devenus plus nombreux chez les personnes âgées. Ces divorces ont une certaine spécificité. Certes, les enfants en souffriront moins. Ils ont leur vie à eux et leur relation avec vous est devenue secondaire, quoique vous en pensiez. Ce qui ne veut pas dire qu'ils apprécieront une rupture de la stabilité de leur environnement, pas beaucoup plus que des enfants plus jeunes. Mais vous culpabiliserez moins !

La seconde spécificité tient au patrimoine. Des gens très jeunes et non mariés n'ont guère que leur brosse à dents à emporter, lorsqu'ils se séparent. Plus tard et mariés, il faudra régler la garde des enfants et la pension alimentaire, ce qui est décidé généralement par un juge. La répartition des biens meubles posera déjà plus de problèmes personnels. Certains n'hésitent pas à emporter presque tout selon le principe : cela je l'ai acheté, cela tu me l'as donné et cela tu n'en a vraiment pas besoin. Et d'ailleurs, j'ai droit à une compensation matérielle pour tous les soins affectifs dont je t'ai entouré, hélas ! sans contrepartie.

Pour les gens plus âgés, il y a souvent un patrimoine à partager, par exemple dans le cas de mariages en communauté de biens. Là aussi, il y a des règles juridiques, mais elles ne prévoient pas l'aspect affectif. Être amené à vendre la vieille maison campagnarde que l'on a mis dix ou vingt ans à retaper dépasse de loin l'aspect financier.

Mais le point fondamental à considérer est l'avenir. Si c'est l'autre qui demande le divorce, l'on subit et il ne reste qu'à limiter les dégâts. Si l'on songe soi-même à demander ce divorce, il est sage d'assurer ses arrières, autrement dit, très cyniquement, de s'être assuré d'une relation qui viendra combler immédiatement le vide ainsi créé. La solitude est agréable certes, mais lorsqu'elle est choisie et non subie. Dans le cas contraire, elle peut être très difficile à vivre. S'y adjoint le sentiment d'échec, sinon celui d'avoir été floué.

Les relations avec les enfants

« Le marteau souffre autant que l'enclume. »

Proverbe bété.

Les relations avec les enfants sont souvent les plus délicates. On peut divorcer d'un conjoint, on ne peut divorcer d'avec ses enfants, même si l'on peut espacer les relations au point de les rendre inexistantes. De plus, l'on ne peut toujours choisir. Si l'un de vos enfants, travaillant dans une multinationale, fait une carrière passant de l'Australie au Canada, vous ne le verrez guère, quelle que soit la qualité de vos relations avec lui. En revanche, un autre au caractère plus faible, à la réussite professionnelle plus limitée, aura tendance à se réfugier à votre foyer et même à vous exploiter plus ou moins gentiment.

Dans le caractère d'un enfant, il y a deux parts, l'une génétique, l'autre qui découle de l'éducation reçue. Vous ne pouvez rien quant à la première. La nature a été plus ou moins généreuse, quant à l'intelligence, la personnalité, la créativité, etc. De la seconde, vous êtes en grande partie responsable, même si l'éducation donnée a été source de désaccords avec votre conjoint et peut-être de conflit. La difficulté vient de ce qu'il n'est pas évident de dire ce qui vient de l'inné et ce qui vient de l'acquis. En cas de résultat qui ne soit pas à la hauteur de vos espérances, il est probable que vous culpabilisez quelque peu. Certains enfants ont d'ailleurs du génie pour culpabiliser leurs parents à tout propos et hors de propos. « Je n'ai pas demandé à naître » ou « Vous ne savez pas aimer », sont des sentiments courants, même s'ils ne sont pas nettement ou brutalement exprimés.

« Quand on voit des parents qui se sont saignés à blanc pour faire monter leur enfant d'un cran social, pour faciliter leur mariage ou leur commerce, et qui ensuite sont ignorés, abandonnés à leur misère, par ces mêmes enfants qui jouissent sans pudeur et sans entrailles, des sueurs paternelles, on sent son cœur bondir. Et l'on s'explique que la loi, la charité publique, interviennent pour suppléer à ce que ne font pas et devraient faire les enfants. » 44 Ne vous laissez pas écraser, cela n'arrangerait rien.

De plus, vos enfants ne sont plus des enfants. Du moins le pensent-ils. Une relation harmonieuse ne peut donc être qu'évolutive. Mais bien des enfants, quel que soit leur âge, veulent être traités en enfants ou en adultes selon que cela les arrange. Il n'est donc pas toujours facile de s'y retrouver et de donner la réponse appropriée. Et pour certains enfants l'amour des parents doit être inconditionnel et le concept de réciprocité leur est, à bien des égards, étranger.

Les brus et les gendres

> « La paix des ménages est sans espoir tant que la belle-mère est en bonne santé »

Juvenal, *Satire VI.*

> « Qu'importe que le fils meure pourvu que la bru soit privée de mari. »

Proverbe yiddish.

Vous ne partagez pas obligatoirement l'admiration et l'amour que vos enfants portent ou ont portés à leur épouse et époux. Vous l'auriez préférée plus jolie, moins centrée sur elle-même ou habillée avec plus de goût. Vous l'auriez choisi plus intelligent ou plus travailleur. Vous auriez préféré éviter que l'on vous présente un nouveau partenaire à chaque réunion de famille. Mais les choses sont ce qu'elles sont et vous devez, là comme ailleurs, faire avec.

Dans beaucoup de sociétés traditionnelles, la relation belle-mère / gendre était une sorte de « parenté à plaisanterie », à la fois agressive et permettant de dire des choses assez franches ou assez crues, mais sans conséquences. Dans d'autres, matrilinéaires, où les enfants « appartenaient » à la famille de la femme et étaient sous l'autorité de l'oncle maternel, le gendre n'était qu'une pièce rapportée, taillable et corvéable à merci. Dans d'autres encore, c'était une relation taboue allant jusqu'à l'interdiction de se voir. En Europe, c'est souvent une relation à base d'agacement réciproque. C'est donc rarement une relation harmonieuse fondée sur un respect mutuel et une estime commune. Quant aux relations de l'homme avec sa belle-fille, on a fort peu écrit sur le sujet, sauf erreur de notre part. Et si vous tapez « belle-fille » dans un moteur de recherche, on vous renvoie vers fille belle ou jolie ! Quant à « bru » cela n'existe pas, semble-t-il, sur Internet.

Bien des mères ont avec leur fils, surtout s'il est unique ou si c'est le petit dernier, une relation assez possessive, décrite parfois comme le syndrome de la « jewish mother ». Cette relation est assez étouffante car, quoique fasse le fils, il ne répond jamais entièrement aux attentes de la mère. Une « bonne histoire » racontée par les psychologues est assez caractéristique de cette relation : Une mère offre à son fils deux cravates, une rouge et une bleue. Le lendemain, le fils arbore la cravate rouge. Réaction de la mère : « Ah! Je savais bien que que tu n'aimerais pas la bleue. »

Il va se soi que dans ces cas la relation est encore pire avec la belle-fille. Aucune femme n'est assez bien pour le fils, et surtout ne sait pas s'occuper de lui avec tout le soin désirable, celui que justement prenait sa mère. A l'agacement discret du fils correspond un agacement de sa jeune femme, parfois beaucoup moins discret.

Dans les sociétés traditionnelles, la relation de la femme avec sa belle-mère était d'abord une relation de soumission. Dans nos sociétés, la soumission n'a pas disparu, mais elle semble de plus teintée d'acrimonie, c'est le moins que l'on puisse dire. « Les Belles Mères, de toutes façons, resteront (sauf exceptions) persuadées qu'on est de mauvaises épouses, et mauvaises mères, quoiqu'on fasse. Essayer d'être gentille ne sert à rien. » Voilà la tonalité générale des sites, blogs, etc. qui portent sur la relation des femmes avec leur belle-mère.

Il est vrai que les gens rencontrant des difficultés ont plus que les autres besoin de parler de leurs problèmes. Il ne faut donc peut-être pas généraliser abusivement. Mais sur ce sujet comme sur beaucoup d'autres, on manque terriblement de chiffres.

Pour conclure, il me souvient d'une scène d'un film français, dont j'ai oublié le titre et l'auteur. Elle met en scène une jeune fille et ses parents prenant leur repas. Celle-ci, dès que l'un de ses parents émet une opinion, lui coupe la parole et, très définitivement, proclame que son fiancé, lui, pense ceci ou cela et généralement une opinion radicalement inverse de celle qui vient d'être émise. Les parents sont assez interloqués. Il leur faudra sans doute des semaines ou des mois pour comprendre qu'ils ont perdu leur fille car celle-ci s'est centrée sur un autre univers. Ils ne l'accepteront sans doute jamais complètement.

Ne vous faites pas d'illusions, l'agrandissement de votre famille ne sera pas sans problèmes, sans parler des relations entre les conjoints de vos enfants, qui sont souvent teintées de jalousie et d'envie. Mais, d'une certaine façon, ce n'est plus votre affaire, même si certaines réunions de famille en sont un peu tendues. Et si vous avez des regrets de l'époque, courte en général, où, pour vos enfants, vous étiez saint Jean Bouche d'or ou l'oracle de Delphes.

Les relations avec les petits-enfants

« Pour combien d'enfances, la maison de grand père, de grand-mère, n'a-t-elle pas été un paradis dont on rêvera jusqu'à ses derniers jours ? » C. Rabaud, La Vieillesse.

Soulignons d'abord l'importance sociale des grands parents. En France le nombre de ceux-ci s'élève à 12,4 millions, sur une population totale avoisinant les 60 millions, avec quatre petits-enfants en moyenne. Et leur importance économique. « En effet, ces grands-parents – plus d'ailleurs les grands-mères que les grands-pères –, encore en bonne santé à l'âge de leur retraite, s'occupent de leurs petits-enfants, que ce soit de façon occasionnelle, comme pendant les vacances, ou de façon plus continue pour permettre à la jeune mère (plus souvent la fille que la belle-fille) de continuer son activité professionnelle. » (C. Attias-Donfut & M. Segalen.)

Mais en ce qui nous concerne, c'est l'importance affective qui nous intéresse. Dans son *Art d'être grand père*, Victor Hugo raconte la punition d'une de ses petites filles :

« Jeanne était au pain sec dans le cabinet noir,
Pour un crime quelconque, et, manquant au devoir, (...) »

L'auteur, le grand père, va donc porter en guise de consolation un pot de confiture à l'enfant punie. S'ensuivent des remontrances de parents qui voient là une sape de leur autorité et aussi de l'éducation de l'enfant. L'auteur plaide coupable et demande donc à être puni à son tour. On connaît la réponse de l'enfant :

« Eh bien ! moi, je t'irai porter des confitures. »

Les relations avec vos enfants étaient une première expérience et vous êtes conscient d'avoir fait quelques erreurs. En tout cas, certains d'entre eux pensent que vous avez fait des erreurs. Vous n'êtes plus directement responsable de l'éducation de vos petits-enfants, mais vous avez désormais une certaine compétence. Surtout, il s'agit de relations neuves qui ne sont pas engluées dans un passé parfois difficile. Vous pouvez donc tenter d'avoir des relations plus harmonieuses que celles que vous avez peut-être avec vos propres enfants. Ne serait-ce que parce que vous êtes plus disponible, votre travail n'absorbant plus l'essentiel de vos forces, de vos ressources intellectuelles et de votre temps

La difficulté dans les relations avec les petits-enfants tient au fait qu'elles interfèrent avec la relation avec leurs parents, c'est à dire vos enfants et que ceux-ci peuvent la voir comme une intrusion dans leur vie privée. N'oubliez pas qu'en devenant grands-parents, vous devenez également parents d'adultes, donc parents de personnes désirant (plus ou moins !) prendre seuls les décisions concernant leurs enfants, qu'ils en soient ou non capables. Et moins ils en seront capables, plus ils penseront en être capables. Et toujours enfants malgré tout vis à vis de vous, ils voudront prendre des initiatives, en récolter les fruits heureux et vous laisser la responsabilité des résultats malheureux. Rendre les autres responsables des difficultés que l'on a soi-même suscitées, est le travers le plus commun des êtres humains.

Une intervenante sur un site Internet précise : « Si la situation ne s'arrange pas, on peut tenter de fixer quelques règles dans une sorte de contrat oral : vous ne passez à la maison qu'une fois par semaine et non tous les jours, vous ne téléphonez pas quatre fois entre 17h00 et 21h00, c'est un temps réservé à notre vie de famille; les vacances on les passe entre nous, à l'exception de quelques jours avec les grands-parents. Quand les enfants seront plus grands, on pourra envisager de les laisser chez papis et mamies une journée ou plus, pour qu'ils chouchoutent leurs petits-enfants. Et nous, pendant ce temps, on se repose ! Et là, tout le monde est content ! » La place laissée ici aux grands parents pourra paraître faible à certains. Il leur faudra s'en contenter.

A l'inverse, vos enfants peuvent vivre comme un abandon le fait que vous ne donniez pas à vos petits-enfants toute la place qu'ils méritent. N'oubliez pas que ce sont leurs enfants, c'est à dire des êtres exceptionnels pétris de qualités, intelligents, beaux, parfaitement éduqués, très supérieurs à leurs cousins et cousines, c'est à dire à vos autres petits enfants, si vous en avez.

Il y a donc un équilibre à trouver, différent dans chaque cas en fonction de la personnalité de vos enfants, car chacun est particulier.

Ceci étant, les relations avec les petits-enfants ne sont pas toujours harmonieuses. « J'ai connu des enfants (cet âge est sans pitié) - devenus d'excellents hommes faits - tyrans de leur vieux grand père incapable de se défendre, jouant de sa perruque et de sa tabatière, le tourmentant, l'exaspérant, du matin au soir. J'ai connu une pauvre grand-mère, martyre de ses enfants, privée des soins les plus élémentaires et descendue dans la tombe avant l'heure. Ce ne sont pas des faits communs ; mais il s'en rencontre de temps à autre. On rencontre des cœurs desséchés et mauvais qui, de propos délibéré ou avec une certaine inconscience, rendent le mal pour le bien. » 45

Les autres relations

« Nul n'est si riche qu'il n'ait besoin d'un bon voisin. »

Proverbe danois

Il y a d'abord les relations de voisinage. Elles sont généralement plus lointaines lorsqu'on habite une grande ville et plus proches si l'on habite un village. C'est le moment de les resserrer, tout simplement parce que en cas de difficultés vous pourrez avoir besoin d'eux, ne serait-ce que pour appeler le SAMU, fermer votre porte derrière lui ou vider votre boîte à lettres en cas d'absence. Tout dépend de votre environnement. Si conjoint et enfants vivent encore avec vous, les voisins sont moins nécessaires. Si vous êtes seul, ils peuvent devenir un personnage vital en cas d'accident limitant fortement et soudainement votre mobilité.

Évidemment, on ne choisit pas ses voisins. Dans certains cas, bruit, animaux de compagnie mal dressés, enfants mal élevés, sans gêne manifeste, ils sont une charge plus qu'une ressource. A vous d'arbitrer entre quelques désagréments et une aide éventuelle, car selon le proverbe, il ne faut jamais dire :

Fontaine, je ne boirai point de ton eau. Dans d'autres cas, ils peuvent devenir des amis ou presque. Et il est toujours agréable de rencontrer des visages souriants, ou de faire « un brin de causette ».

Il y a aussi les relations que vous pouvez vous créer par vos activités en dehors de chez vous, qu'elles soient politiques, associatives, sportives, de loisir, etc. Elles peuvent rester épisodiques ou superficielles. Elles peuvent s'approfondir jusqu'à de l'amitié.

Il y a enfin des clubs du 3° âge, où beaucoup refusent d'aller, par pudeur, par ennui, ou parce qu'ils le vivent comme un symbole de déchéance, mais si votre solitude est absolue, ils peuvent constituer un palliatif. Après tout, il n'est pas nécessaire de parler beaucoup durant une partie d'échecs. Un peu plus pour la belote, et c'est ce qui fait son charme !

Autrefois, il y avait des bistrots, où l'on pouvait échanger quelques mots sur des sujets banaux, mais cela permettait de sortir de chez soi, de « se changer les idées » et d'échapper à une solitude totale. Il n'y en a plus guère et Internet ne les remplace pas vraiment. La désertification du territoire français se fait au détriment de tout ce qui est gratuit ou presque gratuit, et au détriment du convivial. Et les relations marchandes sont évidemment assez décevantes, par nature.

Se prémunir contre la solitude

« A colombe solitaire, les cerises sont amères. »

Proverbe français

« Comme le malheur, la vieillesse a peu d'amis. » [46] Ce qui veut dire que vous ne serez pas recherché, pas autant en tout cas que lors de votre jeunesse ou votre âge mûr.

Cependant, l'homme est un animal social, ce qui ne veut pas dire obligatoirement sociable. La plupart des gens sont tiraillés entre le besoin d'échanger avec autrui et le besoin d'être seul et de n'en faire qu'à leur tête. D'où le succès des courtisans en tous genres, qui donnent l'illusion de partager, mais auquel tout est, de fait, imposé.

La solitude peut être choisie ou subie. A partir d'un certain âge, elle est généralement subie, en raison de deuils, de divorces, d'éloignements géographiques, de sentiments d'où l'affection s'est retirée et qui espacent les relations.

Éviter l'intolérance

Si l'on veut éviter d'être seul, absolument seul, avec les inconvénients que cela peut éventuellement entraîner, il faut éviter une certaine intolérance qui exclut a priori des catégories entières de la population, qui vous excluront à votre tour.

« Ben oui! A l'approche du troisième âge, je suis devenu nerveux et je n'aime plus les jeunes. Je trouve ces derniers idiots et connards parce qu'ils me narguent tout le temps. Au fond de moi j'ai envie de leur distribuer des gifles et des coups de pieds au cul pour les envoyer balader à 200 mètres plus loin de moi. Oui, à cet âge on devient méchant parce que les jeunes sont pour moi des troubles fêtes, emmerdeurs, intolérants, idiots, fachos. Seuls les anarchistes me semblent mériter beaucoup d'égards; les autres je les considère comme de pauvres pisseux qui râlent tout le temps pour retrouver les bras de leurs mamans frileuses. Ouais! Ouais! Je suis méchant et calculateur pour mater les ados-connards froussards et demeurés. Mon grand plaisir, c'est de donner un bon coup de pied au cul à un jeune dandy efféminés pour lui faire changer de trottoir! » 47 Sans faire de morale, qui l'aidera à changer sa roue lorsqu'un pneu de sa voiture aura crevé ?

Lutter contre la nature

« Pour devenir centenaire, il faut commencer jeune. »

Proverbe russe

Le vieillissement fonctionnel

« Je n'ai plus que les os, un squelette je semble,
Décharné, dénervé, démusclé, dépulpé,
Que le trait de la mort sans pardon a frappé,
Je n'ose voir mes bras que de peur je ne tremble. »

Pierre de Ronsard, *Sonnets*.

Les handicaps dus à l'âge sont déjà énumérés dans la Bible. 48
« Mais souviens-toi de ton créateur pendant les jours de ta jeunesse, avant que les jours mauvais arrivent et que les années s'approchent où tu diras: je n'y prends point de plaisir;

avant que s'obscurcissent le soleil et la lumière, la lune et les étoiles, et que les nuages reviennent après la pluie, (le temps qui passe)

où les gardiens de la maison tremblent, (les bras)

où les hommes forts se courbent, (le dos)

où celles qui moulent s'arrêtent parce qu'elles sont diminuées, (les dents)

où ceux qui regardent par les fenêtres sont obscurcis, (les yeux)

où les deux battants de la porte se ferment sur la rue quand s'abaisse le bruit de la meule, (les oreilles)

où l'on se lève au chant de l'oiseau, (le sommeil léger)

où s'affaiblissent toutes les filles du chant, (la voix)

où l'on redoute ce qui est élevé, où l'on a des terreurs en chemin,(la crainte de ne pouvoir entreprendre des choses difficiles, de ne pouvoir se défendre des agressions)

où l'amandier fleurit, (les cheveux blanchissent)

où la sauterelle devient pesante, (l'agilité diminue)

et où la câpre n'a plus d'effet, (les sens s'émoussent)

car l'homme s'en va vers sa demeure éternelle, […] et l'esprit retourne à Dieu qui l'a donné. »

La Bible mélange allègrement des éléments tout à fait secondaires, comme les cheveux qui blanchissent à d'autres qui sont de véritables handicaps comme la diminution de la vision et de l'audition. Par ailleurs, il y a des éléments sur lesquels on ne peut agir, d'autres qui relèvent de la médecine et de la chirurgie et d'autres qui relèvent d'une gestion de soi-même et donc nous intéresseront davantage.

Une version modernisée de ces handicaps pourrait être la suivante:

Baisse des réflexes. Baisse de la coordination musculaire. Baisse de l'équilibre. Baisse des vitesses de réaction. Baisse de la force musculaire (30% à 80 ans). Altérations de la vue, myopie, presbytie, cataracte. Altérations de l'ouïe, particulièrement pour les sons aigus. Altérations du toucher, par exemple élévation du seuil de la douleur au niveau cutané. Baisse des fonctions intellectuelles, à partir d'un âge très variable. Baisse de la capacité de concentration qui est soutenue moins longtemps. Difficultés d'apprentissage d'une tâche nouvelle. Augmentation du temps nécessaire à la résolution d'un problème complexe. Difficulté à mémoriser des informations verbales ou visuelles.

La science contemporaine est en train de modifier plusieurs de ces éléments. D'abord, certains handicaps ont été reculés dans le temps. Le cinéma et surtout la télévision, donnent une idée radicalement fausse des siècles passés, lorsque des gens mouraient de faim pour que d'autres puissent construire Versailles, où les handicapés étaient légion, où les vêtements des pauvres étaient des haillons déchirés et raidis par la crasse, où beaucoup de gens marchaient pieds nus (les sabots étant pendus autour du cou pour ne pas les user), où la misère était la règle. « L'on voit certains animaux farouches, des mâles et des femelles: répandus dans la campagne, noirs, livides et tout brulés du soleil, attachés à la terre qu'ils fouillent et qu'ils remuent avec un opiniâtreté invincible. Ils ont comme une voix articulé et quand ils se lèvent sur leurs pieds, ils montrent une face humaine, et en effet, ils sont des hommes. Ils se retirent la nuit dans des tanières, où ils vivent de pain noir, d'eau et de racines.» 49

On oublie que le Roi Soleil était édenté à vingt ans, et que le lièvre à la royale, nom donné à une préparation culinaire, signifiait simplement que le lièvre était longuement cuit pour être mangé justement par un édenté. De nos jours, les progrès de l'hygiène, de la diététique, l'apparition des antibiotiques ont reculé vers 60-70 ans des problèmes qui surgissaient autrefois dès 30 ou 40 ans. Ou ont modifié l'issue de certains accidents, comme la pénicilline a radicalement modifié les conséquences des blessures subies par les matadors de toros, au point que ceux-ci firent élever une statue dans les arènes de Madrid, en hommage à Sir Fleming, son découvreur.

Le second tient aux progrès de la chirurgie (pour la vision, par exemple) et des prothèses (auditives entre autres). Les changements ont été considérables et les gens âgés en profitent peut-être plus que d'autres.

Le vieillissement intellectuel

La « démence sénile » autrefois, la maladie d'Alzheimer de nos jours ont popularisé l'idée d'une corrélation entre la vieillesse et des troubles des capacités intellectuelles mais c'est confondre maladie et déclin.

Nous ne traiterons évidemment que du vieillissement intellectuel qui n'est pas pathologique ou lié à un problème organique. Et brièvement, car les études ne sont pas très nombreuses.

Les difficultés liées à la mémoire sont les plus fréquentes et les plus visibles. Il y a d'abord des oublis, les souvenirs les plus récents étant plus fragiles. Par exemple, on change de pièce dans l'appartement et l'on ne sait plus ce qu'on venait y faire. C'est parfois agaçant, mais rarement très gênant. Les autres difficultés sont des difficultés de mémorisation, telles que retenir un numéro de téléphone, un nom, un prénom, une adresse. C'est parfois socialement embarrassant, la plupart des gens comprenant mal que l'on ne retienne pas quelque chose d'aussi important que leur nom.

Relatif à la mémoire, il peut y avoir des difficultés d'apprentissage, par exemple de langues ou de langages informatiques ou celui du maniement d'appareils complexes. Mais il est rare de se lancer dans l'apprentissage du sanscrit à partir d'un certain âge et tout cela n'affecte pas vraiment la vie quotidienne.

Certains auteurs pensent que l'univers intellectuel, et particulièrement la curiosité, se rétrécit chez les personnes âgées. C'était le cas de J.J. Rousseau : « Mon imagination déjà moins vive ne s'enflamme plus comme autrefois à la contemplation de l'objet qui l'anime, je m'enivre moins du délire de la rêverie ; il y a plus de réminiscence que de création dans ce qu'elle produit désormais, un tiède alanguissement énerve toutes mes facultés, l'esprit de vie s'éteint en moi par degrés ; mon âme ne s'élance plus qu'avec peine hors de sa caduque enveloppe, et sans l'espérance de l'état auquel j'aspire parce que je m'y sens avoir droit, je n'existerais plus que par des souvenirs. » [50]

C'était aussi l'opinion de S. de Beauvoir, mais elle, elle parlait des autres et non d'elle-même, évidemment : « L'absence de curiosité du vieillard, son désintérêt sont renforcés par son état biologique. Être attentif au monde le fatigue. Même les valeurs qui avaient donné un sens à sa vie, il n'a souvent plus la force de les affirmer. [...] L'indifférence intellectuelle et affective de l'homme âgé peut le réduire à une totale inertie. Swift, vieux, ne se sentait plus concerné par rien : "Je m'éveille dans un tel état d'indifférence à tout ce qui peut se passer dans le monde et dans mon cercle étroit que... je resterais certainement au lit toute la journée si la décence et la crainte de la maladie ne m'en chassaient pas". » 51

Mais il ne faut pas oublier que vieillir, c'est aussi passer d'une certaine naïveté à un certain réalisme et parfois à un certain cynisme. Pourquoi s'intéresser à des choses dont on a appris, parfois durement, qu'elles n'avaient aucun intérêt réel. Qu'elles aient été à la mode, qu'elles aient servi la carrière de tel ou tel, n'implique pas qu'elles ne soient pas devenues des vieilleries. Sauf exception, la théologie du XVII° siècle, n'intéresse plus que les historiens et le simple croyant l'ignore totalement. Pourquoi ne pas penser la même chose des théologies du XX° siècle, politiques ou « scientifiques », quel que soit le nom dont on les a enrubannées à l'époque.

Car il va de soi que ces théories recouvrent des intérêts intellectuellement bien plus médiocres. Byzantins et Romains se sont séparés apparemment sur la querelle du *filioque*, à laquelle plus personne ne comprend rien, mais en fait pour la triviale raison qu'il ne peut y avoir deux crocodiles dans le même marigot, et que Rome avait dû, des siècles auparavant, détruire Carthage. De même, à une certaine époque, pour certains intellectuels, adhérer au parti communiste, n'était qu'un moyen de faciliter leur carrière. (Vous pouvez n'être pas d'accord, évidemment !)

Il en est de même de beaucoup de « recherches », qui n'apprennent rien, mais permettent à leur auteur de gravir la hiérarchie universitaire. C'est normal, mais de là à les lire... « Mais que les classes moyennes se crèvent à la tâche pour financer de leur sueur et de leurs impôts aussi vaine et prétentieuse recherche me laisse coite. » 52 C'est que la répartition entre ceux qui paient des impôts et ceux qui reçoivent des subventions est le point clé des systèmes sociaux.

Vous le savez désormais.

Enfin, vous vous méfiez de la publicité, de la communication. Ces écrivains ou plasticiens « qui se mettent en danger », vous font rire. « J'ai effectivement réduit mon univers en éliminant tout ce qui est pub. Évidemment, c'est une fichue restriction en quantité. Mais en qualité ? »

Le vieillissement de l'apparence

> « La jeunesse embellit tout jusqu'au malheur. Elle charme alors qu'elle peut, avec les boucles d'une chevelure brune, enlever les pleurs à mesure qu'ils passent sur les joues. Mais la vieillesse enlaidit jusqu'au bonheur ; dans l'infortune, c'est pis encore : quelques rares cheveux blancs sur la tête chauve d'un homme ne descendent point assez bas pour essuyer les larmes qui tombent de ses yeux. »

> Chateaubriand, *Amour et vieillesse.*

En Europe, sur ce sujet, on a toujours eu la dent plus dure vis à vis des femmes. Une phrase est souvent reprise par différents auteurs et deviendra presque un proverbe: « L'enfer des femmes, c'est la vieillesse. »

Cette tradition misogyne est aussi bien celle de la sagesse dite populaire, que de la savante : « (Saint) Jérôme est sensible au drame de la vieillesse qui détruit la beauté féminine. " Une belle qui traînait après elle des troupeaux de jeunes gens, a son front labouré de rides; celle qu'on aimait dégoûte." Ou " Le visage, d'abord si beau, des femmes en vient à une telle laideur que l'amour se change en haine. "» 53 Certes, Jérôme les plaint si l'on en croit son savant commentateur, mais cruellement cependant.

C'est que dans le physique, il y a deux aspects : la santé, évidemment mais aussi l'apparence ou pour certains, la beauté, le charme, l'élégance.

Les arts des vêtements avantageux pour la silhouette, de la

coiffure, du maquillage, et de diverses prothèses, sont vieux comme le monde. On s'en est moqué et Nostradamus dans son *Traité des fardements* 54 se montre sceptique sur les recettes mêmes qu'il donne :

« … car sublimé, ni céruse , ne tâchent
de rendre vieille, jeune par fardement. »

Mais on les a évidemment beaucoup utilisés. Souvent à tort, et de par le vaste monde actuel, bien des femmes à le peau sombre se sont empoisonnées en utilisant des produits de blanchiment pour avoir le « teint clair », dont la composition laisse rêveur. Leur peau tachée, racornie, en garde durement la trace.

On est même allé plus loin, vers la recherche d'une éternelle jeunesse. « Au Moyen Age, les élixirs de longue vie et de jouvence, tout comme la pierre philosophale, font l'objet de multiples recherches alchimiques. Les recettes s'appuient sur de puissants symboles de vie : le sang, à boire - celui d'un enfant de préférence - ou à utiliser en bain, le lait à téter au sein d'une femme. Est venue s'ajouter quelques siècles plus tard l'injection de "liquides organiques" obtenus à partir de glandes génitales animales, de coq, de chien ou de singe, censés permettre de retrouver une vigueur perdue. » 55 Cela paraît absurde désormais, mais il y a quand même quelques dizaines d'américains, morts mais congelés, qui attendent les progrès de la science pour ressusciter et rajeunir.

Ou la recherche d'une éternelle puissance. Voici, par exemple une recette de philtre d'amour donnée par Michel Nostradamus dans le traité cité ci-dessus : « Pour composer au vrai le *Poculum amatorium ad venerem* duquel usaient les Anciens au fait d'amour, la façon pour faire les breuvandes amoureuses, que communément les Grecs appelaient : *philtra* et les Latins : *poculum amatorium.* Que quand un personnage en avait jeté d'une bouche en l'autre, l'on périssait du mal d'amour ; tant que le personnage qui longuement le tenait à la bouche, s'il ne le jetait à certaine heure, il mourrait tout effréné, s'il ne jouissait du personnage qu'il prétendait. Et fût premièrement inventé par Médée. De semblable comme celui-ci en mourut le poète Lucrèce. Et ce breuvage a tant de vertu et d'efficace, que si un homme en avait un peu à la bouche et durant qu'il la tient en la bouche en baisant une autre femme, ou femme lui, et se jetant de ceci avec la salive, cela tout soudain lui cause un feu, non point feu fébricitant, n'ayant ni soif ni chaud, mais le cœur lui brûle d'accomplir l'effet amoureux. Et non point en autre que celui ou celle qui lui donne le baiser. Et l'amour à ces deux demeure tant longtemps et inviolable que l'un et l'autre ne peut durer sans être ensemble. Et si on venait à les séparer, tel amour quelque fois était converti en fureur. Lors l'on était contraint de faire l'*Amuletum veneris*. » Suivent les ingrédients, mandragore, fer magnétique, sang d'oiseaux, etc., et beaucoup de sucre. Après cuisson, cela devait donner une sorte de caramel. Était-ce moins efficace que le Viagra ?

Certes, traditionnellement, les sages professent qu'il faut s'assumer et donc assumer son âge, son apparence et ses moyens. « Est-il rien de plus puéril et de plus grotesque que de se rajeunir par l'art des truquages et des maquillages, ainsi dénommé en argot, qui met en œuvre toutes les ressource des inventeurs en tout genre. Et pourquoi, pour s'enlever dix, vingt ans, tromper le public sur sa vétusté. Et après ? Quelle sotte et vaine satisfaction ! En garde-t-on moins le poids des ans? Autre chose est de rester jeune, par une hygiène bien entendue, par le caractère, la volonté. Et autre chose de vouloir paraître physiquement jeune, par des moyens artificiels On a beau faire, on ne retrouve pas la fraîcheur printanière disparue. Il y a peu d'élégance dans ces mensonges auxquels, d'ailleurs personne ne se laisse prendre. » 56

Mais en opposition à cette opinion traditionnelle on peut avancer plusieurs éléments. Le premier est de politesse vis à vis d'autrui. En compensation à la disparition de la beauté ou de la fraîcheur ou simplement des marques de bonne santé, on peut soigner son apparence, ses vêtements, etc. Une certaine élégance n'a jamais fait de tort à personne. Le second est la tyrannie actuelle de la beauté et de la jeunesse. Difficile d'y échapper si l'on veut garder une certaine activité, même non salariée. Le troisième est que le progrès scientifique a révolutionné la lutte contre le vieillissement de l'apparence, en particulier par la chirurgie esthétique. Ce n'est pas toujours une réussite parfaite et l'on voit de plus en plus souvent dans les médias des visages raidis, inexpressifs et comme stuqués. « Un jour viendra où l'absence complète de rides constituera le seul moyen de déceler la vieillesse. »57

Mais dans le sentiment que l'on donne de soi, entre pour beaucoup le sentiment que l'on a de soi. Et si cette chirurgie esthétique rend les gens plus heureux à défaut d'être plus beaux, tant mieux pour eux.

Le relâchement des obligations sociales, particulièrement professionnelles, entraîne souvent un certain relâchement des soins donnés à l'apparence : vieilles pantoufles et robe de chambre plus confortable que élégante, coupe de cheveux qui devrait être rafraîchie, absence totale de maquillage, etc...

Il est parfois difficile de faire la part du confortable et du négligé. Si vous avez un conjoint ou des enfants, sachez qu'eux font la différence. Ne leur infligez pas ce que vous n'aimeriez pas trouver chez eux. « Nous vivons avec nos défauts comme avec les odeurs que nous portons : nous ne les sentons plus ; elles n'incommodent que les autres. » 58 D'autant plus s'il s'agit de vos petits enfants car « les enfants n'aiment pas la vieillesse, l'aspect de la nature défaillante est hideux à leurs yeux, leur répugnance que j'aperçois me navre; et j'aime mieux m'abstenir de les caresser que de leur donner de la gêne ou du dégoût. » 59

Surveillez-vous, ne vous laissez pas aller, ayez un minimum de discipline.

Le vieillissement et la santé

« Les saints ne deviennent pas vieux. »

Proverbe français

La santé pose des problèmes différents. Bien des individus ne voient le médecin que lorsqu'ils sont malades ou qu'une douleur leur signale un dysfonctionnement sérieux. Et même dans ce cas, ils ont tendance à retarder un diagnostic qu'ils appréhendent plus ou moins. Même en bonne santé, il est plus sage de voir son médecin traitant une ou deux fois par an, fut-ce en l'absence de symptômes alarmants. Dans ce domaine, la prévention est ce qu'il y a de plus efficace. Soignées à temps, nombre de maladies sont guérissables, mais une fois largement installées, elles laisseront de toute façon des séquelles plus ou moins invalidantes.

Privations et substitutions

« La vieillesse est un tyran qui défend sur peine de la vie tous les plaisirs de la jeunesse. »

La Rochefoucaud. *Maximes*

Les maladies qui accompagnent la vieillesse imposent bien souvent un régime alimentaire, dont l'un des fondements est la privation, de tabac, d'alcool, de sel, de corps gras, de sucre... La liste est parfois longue et les résultats parfois pénibles. On peut certes tricher un peu, mais ce n'est évidemment pas la solution idéale. Une autre solution consiste à rechercher des substituts ayant à la fois une valeur gustative et psychologique. Pour le premier point, le problème est d'ailleurs bien résolu pour le sucre et le sel, par exemple, pour lesquels épiceries et pharmacies offrent des produits de remplacement de qualité.

On peut aussi explorer plus à fond, le domaine des fines herbes, des condiments et des épices. Le persil, l'estragon ou la basilic ne remplacent pas le sel, mais ils relèvent tout de même le goût, et de plus peuvent pousser jusque sur le rebord d'une fenêtre. Des livres de cuisine ou Internet, sont emplis de nos jours de suggestions de ce type. Essayez...

Pour l'aspect psychologique, les choses sont un peu plus difficiles. Il n'y a pas de substitut au tabac sur le plan physiologique. Mais fumer, ce n'est pas seulement fournir au cerveau une certaine quantité de drogue, c'est aussi tenir quelque chose dans sa main et le porter à sa bouche. Suivant les individus, il peut y avoir substitution par le chewing gum ou n'importe quoi qui occupe la bouche, ou quelque chose qui occupe la main. A vous de chercher et de trouver les substituts qui vous satisferont, au moins en partie.

Compléments alimentaires ou pharmaceutiques

Les multinationales de l'alimentation proposent depuis quelques années des « alicaments », néologisme formé de aliment et de médicament, qui sont censés être renforcés en nutriments bienfaisants pour la santé et sont, bien sûr, plus coûteux. Sont évidemment visés les publics considérés comme plus fragiles, les bébés et... les vieux.

Mais il n'est pas avéré qu'ils aient le moindre intérêt pour la santé. « Ces allégations quant à la santé provenant de l'industrie alimentaire, il est permis de douter de leur véracité, notamment concernant la supériorité de ces aliments sur d'autres plus classiques (un simple yaourt ou un fromage). Et, même si des études scientifiques aboutissant à la fabrication d'alicaments sont sérieuses et bien établies, les alicaments échappent à tous les contrôles que subit un médicament avant et après sa mise sur le marché. » 60

Et certains les pensent même nuisibles. « Certaines extrapolations peuvent être dangereuses, telle cette expérience de supplémentation en vitamines chez les fumeurs : des scientifiques avaient constaté que des personnes ayant un cancer du poumon, notamment des fumeurs, ingéraient également une alimentation qui contenait moins de vitamines A et E. Ils se sont dit qu'en donnant ces vitamines à des fumeurs, on devrait voir diminuer le nombre de cancers du poumon. Résultats de deux grandes études rassemblant entre 20 000 et 30 000 patients : non seulement il n'y a pas eu d'effet bénéfique, mais c'était même l'inverse ! Il y avait plus de cancers du poumon (entre 15 et 30 % de plus) chez les personnes qui avaient pris les compléments de vitamines ! On n'a pas d'explication complète à cet effet. » 61

N'oubliez pas que ces produits sont portés par des publicités lancinantes. Et que les publicitaires sont souvent intelligents et créatifs. Que ou qui croire ?

Il y a aussi l'homéopathie qui est considérée par la majeure partie de la communauté scientifique internationale comme une pseudoscience sans validité scientifique ni efficacité clinique. Au point que l'Académie française de médecine a demandé solennellement au gouvernement, en septembre 2004 qu'elle ne soit plus remboursée par la Sécurité sociale. Elle fait cependant florès en France tout au moins, puisque le taux de recours y est de 2 % des personnes au Royaume-Uni et aux États-Unis, de 15 % en Inde, et de 36 % en France.

On sera donc prudent. Mais une fois de plus, il faut compter avec l'aspect psychologique. Si vous croyez « dur comme fer », que ces aliments complétés ou ces pilules homéopathiques sont bons pour votre santé et votre moral, et si vous en avez les moyens, pourquoi pas ? Il y a un bon vieux principe qui dit que ce que les gens croient vrai, est vrai dans ses conséquences. C'est surtout vrai dans le domaine social. Mais ce peut être vrai ailleurs, en partie du moins.

Les relations avec le corps médical

> « Celui qui pèche aux yeux de son créateur, qu'il tombe au pouvoir du médecin. »

Ecclésiaste, 38,15.

Avec l'âge, les relations avec le corps médical deviennent plus fréquentes et plus importantes, parce que souvent la santé se détériore. Et que de toute façon, il faut la surveiller.

Si la connaissance médicale a fait d'énormes progrès, le corps médical, lui, est resté ce qu'il était, humain, trop humain !

Assez curieusement, la formation professionnelle continue des médecins,en France tout au moins, est assez peu et assez mal organisée, quoique, dit-on, 50 % des connaissances médicales soient obsolètes en l'espace de 7 ans. Elle est d'autre part largement dominée par les laboratoires pharmaceutiques, qui, évidemment ne sont pas très objectifs. Et les experts de ces derniers, c'est à dire leurs salariés ou leurs obligés, colonisent les centres de décision gouvernementaux ou internationaux. L'OMS en est un bon exemple.

La psychologie, surtout en milieu hospitalier, malgré quelques exceptions notables, n'est pas, non plus, le point fort des médecins qui ont tendance à se cantonner à la technique. La relation psychologique avec le patient est souvent laissée aux infirmières sinon aux aides infirmières. Les médecins traitent une maladie et non un malade dans sa complexité physique – psychologique. Le médecin libéral se mêle un peu plus de psychologie, mais souvent de façon naïve, sinon maladroite et parfois contre-productive. C'est peut-être une des raisons de la surconsommation française de psychotropes. On prend de l'aide où on la trouve.

On connaît aussi les réticences traditionnelles du corps médical à soigner efficacement la douleur. « Les douleurs de l'enfantement sont un héritage laissé par Ève. Et il serait contraire à la volonté de Dieu de les atténuer. Cette souffrance est excellente pour les femmes. Elle raffermit le caractère et inhibe les désirs honteux. » 62 Nous sommes vers 1900 et la citation est extraite d'un roman. Ce type de discours a ensuite disparu peu à peu. Mais il a fallu attendre le milieu du 20° siècle pour que les pratiques correspondantes disparaissent elles aussi. « C'était il y a 20 ou 30 ans. J'avais été opéré d'une banale appendicite. Mais j'avais attrapé une bronchite, probablement nosocomiale et je toussais sans arrêt ce qui était douloureux. On soigna ma bronchite mais pas ma douleur. Comme chacun sait, un homme, un vrai, n'a pas à être douillet ! » Les choses ont évolué, surtout dans les cas vraiment graves, par exemple avec les pompes à morphine. Mais : « Quand vous dites que vous ressentez une douleur, vous passez pour un emmerdeur ! »

Par ailleurs, le corps médical, sauf quelques heureuses exceptions, est fort en retard quant à la constitution de dossiers médicaux informatisés transmissibles et qui vous soient disponibles. Ce qui veut dire que si vous changez de médecin, votre dossier reste dans son cabinet et ne vous suit pas. Idem pour les comptes rendus d'hospitalisation qui sont adressés au médecin traitant. Faites donc le maximum de photocopies et ayez votre propre dossier.

Tout le monde sait aussi que les médecins sont généralement liés à certaines cliniques privées par des accords divers et vous adresseront donc à elles. Comme, en France, vous avez besoin de votre médecin traitant (lui, pas un autre), pour avoir l'ordonnance vous adressant à tel ou tel spécialiste, vous êtes généralement dépendant et il faut parfois se battre pour être adressé à un hôpital public ou une clinique mutualiste.

De façon très révélatrice, un stage de formation offert aux médecins par une des entreprises français de formation professionnelle les plus connues, s'intitule : Accueil du client. Ne vous faites donc pas d'illusions, vous êtes un client, rien de plus. Vous avez besoin du corps médical, comme vous avez besoin d'électricité, d'eau, de gaz ou de téléphone. Il vous traitera comme le font tous les fournisseurs, vous imposant des contrats léonins. Les dépassements d'honoraires qu'exigent les spécialistes en sont un bon exemple.

Autre exemple. « Je devais subir un opération légère en

ophtalmologie. Étant cardiaque, le chirurgien m'avait proposé une anesthésie locale. Mais l'anesthésiste ne tint aucun compte de cet accord et me fit subir une anesthésie générale. C'était plus simple pour lui. Je m'aperçus alors que moi, j'avais signé une décharge vis à vis de la clinique, mais que l'accord entre le chirurgien et moi n'était écrit nulle part. »

Autre problème, l'accès à l'information. L'information, c'est du pouvoir, dit-on, et c'est une évidence. Or le corps médical est toujours réticent à donner de l'information ou il la donne en coup de vent. Et ce n'est qu'après avoir quitté le médecin que vous mesurez les conséquences de ce que l'on vous a dit et que vous avez des questions pertinentes à poser. Trop tard ! Il est vrai que face à un diagnostic, situation de stress s'il en est, beaucoup de gens perdent leurs moyens et régressent intellectuellement. Mais les médecins se croient encore au début du XX° siècle où ils étaient sans doute la profession ayant fait les études supérieures les plus longues. Alors que de nos jours, il n'y a presque plus d'illettrés, que 80% d'une génération arrivent au bac, qu'un bac + 7 n'est plus une rareté et que bien des patients pourraient comprendre ce qui leur arrive si l'on se donnait la peine de le leur expliquer. D'où d'ailleurs, un recours de plus en plus massif aux ressources d'Internet, avec comme conséquences un risque de diagnostic et d'auto médication erronés et l'agacement des médecins.

Restent les pharmaciens. La propagande gouvernementale s'efforce de faire croire que c'est le public qui est réticent vis à vis des médicaments dits génériques. L'expérience montre, à l'inverse, qu'il faut insister auprès des pharmaciens pour obtenir des génériques et que malgré cela, on s'aperçoit en rentrant chez soi, que l'on vous a donné subrepticement un médicament de marque alors même que le générique existe. Les médecins, quant à eux, prescrivent toujours des marques et non des molécules, ce qui ne simplifie pas la vie des patients, mais facilite celle des laboratoires pharmaceutiques, qui sont, comme chacun sait, de puissantes multinationales.

Faites donc confiance au corps médical, mais une confiance mesurée. « Certains estiment que le principe premier de la médecine moderne veut que le médecin ne reconnaisse jamais ses erreurs »

Le vieillissement et les difficultés psychologiques

Les théories psychologiques du XX° siècle ont subi la même faillite que les théories politiques et les idéologies de l'époque, auxquelles elles étaient d'ailleurs en partie liées. Elles ne surnagent guère que dans un vocabulaire prétentieux, assez proche de celui des Femmes savantes, qui utilise des périphrases pseudo scientifiques pour désigner des banalités qui sont celles de Mr Tout le monde. Curieusement, le vide théorique, en attendant ce que les neuro sciences pourront apporter un jour plus ou moins lointain, s'accompagne d'un trop plein de personnel et le moindre accidenté ou sinistré bénéficie d'une « aide psychologique ». « Une cellule psychologique a tété mise en place », serinent les radios lors du moindre accident. Cette assistance consiste essentiellement à faire parler, l'expression verbale du traumatisme, ou *debriefing* étant censée en atténuer les conséquences. On oublie généralement que cette technique est dérivée de la « psychiatrie de l'avant » dont l'objectif était de renvoyer les soldats au front au lieu de les hospitaliser à l'arrière. On oublie aussi « que certaines études montrent que les pourcentages de survivants présentant un état de stress post-traumatique, après un *debriefing* sont supérieurs à ceux qui n'y ont pas été exposés. » 63 Au mieux, ajoute le même auteur, « c'est plutôt de l'ordre de la pensée magique. »

Un auteur de science-fiction décrivant un monde parfait et parfaitement contrôlé par le pouvoir, s'en moque ainsi : [Ces groupes] « étaient constitués par une personne traumatisée que soutenait un médecin. Serré autour d'eux, le troisième personnage était un psychologue qui recueillait les plaintes du blessé comme du médecin. Il engageait chacun à évacuer en temps réel le traumatisme que l'un avait subi et dont l'autre était le témoin. » 64

Si le vieillissement s'accompagne chez vous d'un état légèrement dépressif, votre médecin traitant ne manquera pas de vous proposer de voir un psychologue. Si c'est remboursé par votre assurance santé, pourquoi pas? Vous ne prenez pas grand risque car le fait que l'on s'occupe de vous est toujours gratifiant et vaut mieux que l'indifférence ou le rejet. Sinon... A moins, bien sûr, que vous ne soyez victime d'une grande solitude. Bien des conversations n'ont pas d'autre objet que de parler pour parler en quelque sorte, le contenu important peu. Et si parler à un psychologue vous rend un peu moins seul, profitez-en ! Sans en attendre des miracles.

Par ailleurs, n'hésitez pas, si votre médecin y consent, à prendre un somnifère ou même un antidépresseur. Pourquoi ne pas profiter des progrès de la pharmacologie ? Une bonne nuit de sommeil vaut bien une petite entorse à la morale de ceux qui sont encore en bonne santé et qu'ils veulent imposer aux autres ! Mais il vous faudra peut-être vous battre, et certains médecins n'hésiteront pas à vous dire de vous débrouiller avec vos réveils à trois heures du matin et vos difficultés à trouver ou retrouver le sommeil, sous différents excellents prétextes, qui iront de votre âge aux contrôles de la Sécurité sociale, mais qui cacheront mal leur profond mépris de leurs patients et leur rigidité psychologique.

Ménopause et andropause

Les deux ont ceci de commun qu'ils se traduisent par un remue-ménage hormonal aux conséquences diverses, physiques et psychologiques. Mais ils diffèrent profondément en ce sens que pour la femme, cela se traduit par la cessation de la reproduction, ce qui n'est pas le cas pour l'homme, en tout cas pas immédiatement. Certes les connaissances médicales reculent sans cesse ce moment pour la femme, mais il y a des limites dans les dangers encourus par celle-ci ou l'enfant à naître. Le risque de trisomie chez l'enfant est ainsi déjà multiplié par 10 lorsque la femme passe de 20 à 40 ans.

Historiquement, la littérature sur l'andropause semble rare. En tout cas, nous n'avons rien trouvé d'intéressant sur ce sujet. Actuellement, on a même quelques doutes sur la spécificité de cet état, dont certains pensent qu'il ne diffère guère du vieillissement pur et simple.

Quant à la ménopause, la littérature est beaucoup plus riche et cela depuis toujours puisque Aristote et Hippocrate en parlent déjà. Et tout le monde sait et dit que la ménopause c'est la cessation des règles et la cessation de la fécondité.

Mais que sont les règles ? On a beaucoup agité la question de savoir si les menstrues étaient un liquide vital nécessaire à l'embryon ou l'expulsion d'humeurs malignes et donc maléfiques et de toutes façons impures.

« Pline l'Ancien a pu constater qu' "une femme qui a ses règles fait aigrir le vin à son approche ", que " son seul regard ternit l'éclat des miroirs, émousse le tranchant du fer, efface le brillant de l'ivoire, à son contact le lin qu'on fait bouillir noircit, le cuivre prend une odeur fétide et se rouille ". Le sang menstruel est décidément impur, les femmes doivent être autant que possible tenues à l'écart durant ces périodes. Si par malheur un couple avait des relations sexuelles à ce moment, l'enfant qui naîtrait aurait de fortes chances d'être lépreux et, même si elles n'étaient pas suivies d'une grossesse... » 65

« La majorité des ulémas ont interdit la lecture du Coran à une femme qui voit sa menstruation, jusqu'à ce qu'elle redevienne propre. Cependant, Il y a quelques exceptions comme, par exemple l'invocation et la formulation des prières ou la prononciation de : "Au nom d'Allah, le Clément, le Miséricordieux; Nous sommes à Allah et à Lui nous retournerons, ô Seigneur donne le bien dans ce bas monde", etc, et tout ce qui est venu dans le Coran comme invocation. » 66

Dans La Bible (Lévitique), les menstrues sont également impures : « La femme qui aura un flux de sang en sa chair, restera sept jours dans son impureté. Quiconque la touchera sera impur jusqu'au soir.

Tout lit sur lequel elle couchera pendant son impureté sera impur, et tout objet sur lequel elle s'assiéra sera impur.

Quiconque touchera son lit lavera ses vêtements, se lavera dans l'eau, et sera impur jusqu'au soir.

Quiconque touchera un objet sur lequel elle s'est assise lavera ses vêtements, se lavera dans l'eau, et sera impur jusqu'au soir.

S'il y a quelque chose sur le lit ou sur l'objet sur lequel elle s'est assise, celui qui la touchera sera impur jusqu'au soir.

Si un homme couche avec elle et que l'impureté de cette femme vienne sur lui, il sera impur pendant sept jours, et tout lit sur lequel il couchera sera impur.»

Et encore au XVIII° siècle. « Or il est à remarquer que les vieilles femme qui ont encore leurs règles, et certaines autres, dans lesquelles elles son retenues, si elles regardent des enfants couchés dans le berceau, elles leurs communiquent du venin par le regard, comme le dit *Albert* dans son livre des *Menstrues :* la cause de cela dans les femmes auxquelles elles coulent, vient de ce que le flux et les humeurs étant répandues dans tout le corps, offensent les yeux, et les yeux étant offensés infectent l'air et l'air infecte l'enfant, suivant le sentiment du philosophe. On demande aussi d'où vient que les vieilles femmes à qui leurs règles ne fluent plus infectent les enfants. On répond que c'est parce que la rétention des menstrues engendre beaucoup de méchantes humeurs et qu'étant âgées, elles n'ont presque plus de chaleur naturelle pour consumer et digérer cette matière, et surtout les pauvres qui ne vivent que de viandes grossières qui y contribuent beaucoup; celles-là sont plus venimeuses que les autres » 67 On ne sait vraiment ce qui est le plus dangereux, la féminité, la vieillesse ou la pauvreté. Mais les trois à la fois, c'est vraiment monstrueux !

On pourrait penser qu'il s'agit d'un fantasme typiquement masculin. Non, hélas ! « Dans les années 1970, Yvonne Verdier, ethnologue, rapporte comment les femmes, dans un village de Bourgogne, au moment de leurs règles, sont porteuses d'un pouvoir de putréfaction des aliments et notamment du cochon : " Quand on a ses règles, le saloir, il faut pas y aller. Ça fait tourner le lard, ça fait tourner le saloir, tout est perdu". Les femmes sont soumises à de nombreux interdits. " Il paraît que si on voyait à l'intérieur du corps d'une femme à ce, c'est affreux, c'est un désordre, c'est tout agité, ça n'a pas de nom." » 68

Assez curieusement, si le sang menstruel est nocif, la cessation de son flux, fait de la femme une être inutile, puisqu'elle ne procrée plus et un être dangereux parce qu'elle est vieille. La sorcière n'est pas loin !

Personne n'est tendre pour la femme ménopausée. «La vieillesse, qui est toujours plus hâtive pour la femme que pour l'homme, ne succède point immédiatement à l'époque où elle cesse d'engendrer. Il est encore un espace de temps, mais trop court sans doute, où elle intéresse par un reste d'attraits... Elle redouble d'efforts pour conserver ce reste précieux et inutile, mais si elle pousse ses soins plus loin que ne l'exige le désir légitime de faire une retraite honorable, il est à craindre que la vieillesse, prête à fondre sur elle, ne vienne mettre dans un trop grand jour le contraste désavantageux de ses prétentions et de son impuissance. Lorsqu'enfin cet âge, qu'un auteur appelle *l'enfer des femmes,* est arrivé, elle doit se borner à jouir des droits respectables que les fonctions qu'elle a remplies lui ont acquis ; elle n'a plus rien à attendre des objets auxquels elle a dû sa principale considération; tout est flétri, tout est détruit : l'impulsion vitale qui animait tous ses organes, se concentre vers l'intérieur, d'où un affaiblissement général qui défigure la femme. » 69

Encore moins pour la femme très âgée et certains portraits sont assez étonnants. « Accroupie auprès de sa fille, la grand-mère plus courbée et ridée que Hécube... rêvassait le menton sur les genoux et les mains entrecroisées sue les os des jambes... Des phalanges formant jeu d'osselets, des lacis de veines saillantes, des nerfs tendus comme des cordes de guitare, faisaient ressembler ces pauvres vieilles mains tannées à une préparation anatomique anciennement oubliée dans l'armoire par un chirurgien négligent. Les bras n'étaient plus que des bâtons sur lesquels flottait une peau parcheminée, plissée aux articulations de rides transversales pareilles à des coups de hachoir. De longs bouquets de poils hérissaient le menton : une mousse chenue obstruait les oreilles; les sourcils comme des plantes pariétaires à l'entrée d'une grotte, pendaient devant la caverne des orbites où sommeillait l'œil à demi voilé par la flasque pellicule de la paupière. Quant à la bouche, les gencives l'avaient avalée, et sa place n'était reconnaissable que par un étoile de rides concentriques. » 70

On est même surpris du ton d'auteurs, qui eux, sont contemporains. « Raides, fragiles, courbées, ridées et apathiques elles traversent en trébuchant leurs dernières années. (...) Femmes désexuées, elles passent dans la rue sans qu'on les remarque et remarquent peu de choses elles-mêmes. (...) La douleur de l'alcoolisme, de la toxicomanie, du divorce et des foyers brisés par ces femmes instables privées d'œstrogènes ne pourront jamais être racontées. » 71

Cependant, un nouveau phénomène semble apparaître. « On sait que la ménopause est maintenant considérée à juste titre comme une source majeure d'infirmités [...]. Il est donc devenu évident que la ménopause doit être traitée. Mais faisant cela on ralentit l'essentiel du processus de vieillissement chez la femme, qui voit en quelque sorte sa jeunesse se prolonger. [...] Rien, biologiquement, ne s'oppose à l'idée de traiter indéfiniment. Ce qui gêne ici, c'est peut-être le vertige qui prend à l'idée que les hommes auraient inventé l'eau de jouvence (et que seules les femmes en profiteraient). Toujours est-il qu'il faut tenir compte d'une nouveauté inattendue : contrairement à ce qui a toujours été les hommes se mettent à vieillir plus vite que les femmes. » 72

La libido

« Ah!, que j'ai été jeune, un jour. »

A. Resnais, *Hiroshima, mon amour.*

Longtemps, dans nos sociétés, on a cru, ou fait semblant de croire qu'il n'y avait plus de sexualité chez les gens âgés, comme il n'y en avait pas encore chez les enfants. Sauf exception, évidemment, mais exception sainte comme dans le cas d'Abraham et de Sarah, sinon plus ou moins scandaleuse, ou même criminelle.

La Bible, par exemple, dans le livre de Daniel, nous raconte l'histoire de la « chaste Suzanne », femme mariée, fidèle à son mari, craignant Dieu et désirée par deux vieillards. Ceux-ci ne pouvant parvenir à leurs fins, pour se venger, l'accusent d'adultère et demandent sa mise à mort. Elle sera finalement sauvée par un témoignage de Daniel, qui confond les mensonges des deux hommes

La sexualité chez les gens âgés existe encore assurément, bien qu'elle prenne une coloration particulière, naturellement. Ce n'est plus l'époque des prouesses torrides et incessamment renouvelées. Ce n'est plus l'âge du « démon de midi », qui est davantage un effet de la peur de vieillir que du vieillissement lui-même. Ce n'est pas, non plus, la cessation de toute activité sexuelle. La personne âgée n'est pas davantage, contrairement à une idée reçue tenace, un pervers, dont les perversions compensent l'impuissance. Elle n'est pas non plus un violeur. « Les condamnations pour viol et autres agressions sexuelles en 1996 comptaient 14,1 % de mineurs et 5,5 % de plus de 60 ans (Ministère de la Justice). » [73] C'est donc une sexualité normale, mais relativement mal acceptée par autrui, cependant.

Quelques chiffres

Quelque 68% des hommes âgés de 57 à 85 ans sont actifs sexuellement ainsi que 43% de femmes, affirme une étude de l'Université de Chicago, 74 qui a scruté la vie sexuelle de 3.000 personnes âgées, en 2005 et 2006.

La moindre activité sexuelle des femmes de 57 à 85 ans s'expliquerait d'abord par le fait que beaucoup d'entre elles sont veuves ou bien que leur mari est plus âgé et moins actif. Quelque 70% des femmes de 70 ans par exemple n'ont pas de partenaires, contre 35% des hommes du même âge.

Chez les hommes âgés de 57 à 85 ans, 27,7% seulement disent manquer d'intérêt pour le sexe. Et cet intérêt ne semble pas décroître avec l'âge, au contraire : âgés de 57 ans à 64 ans, ils sont 27,8% à dire ne plus s'intéresser au sexe mais lorsqu'ils sont âgés de 75 à 85 ans, ils ne sont plus que 24,4% à être dépourvus d'intérêt. Cela veut dire inversement que 73% des hommes y pensent encore !

Les femmes ont souvent moins d'intérêt pour le sexe que les hommes, puisque aux mêmes âges, 43,3% ne s'y intéressent plus et 23% n'y trouvent plus de plaisir.

La condamnation générale

Avant de parler du plaisir physique chez les gens âgés, on peut constater que ce plaisir a souvent été mal vu pour toutes les strates de la population. Et cela dès l'antiquité : «Voilà pourquoi on trahit la patrie, pourquoi on renverse les états, pourquoi on traite clandestinement avec l'ennemi, ; aucun forfait, aucun crime enfin qui n'ait été engagé sans l'influence de la recherche du plaisir sensuel. Les débauches, les adultères, tous les scandales du même ordre ne se produisent par aucun autre attrait que celui du plaisir sensuel. La nature, ou bien quelque dieu, n'avait rien apporté de meilleur à l'homme que l'intelligence : rien n'est aussi nuisible à ce présent et à ce don divin que le plaisir sensuel. » 75

Cela continue un peu plus tard. « Méfiance vis à vis des plaisirs, insistance sur les effets de leur abus pour le corps et pour l'âme, valorisation du mariage et des obligations conjugales, désaffection à l'égard des significations spirituelles prêtées à l'amour des garçons, il y a dans la pensée des philosophes et des médecins au cours des deux premiers siècles toute une sévérité... » 76

Le christianisme a encadré le plaisir qui lui paraissait « normal ». Il a condamné celui qui lui paraissait « anormal » et souvent jusqu'à la peine de mort infligée dans des conditions monstrueuses.

Certes les temps ont changé et des minorités sexuelles jadis opprimées ont pignon sur rue et de façon parfois ostentatoire et même bruyante. Mais il reste qu'à partir d'un certain âge, la libido est considérée comme « libidineuse », terme dont la connotation négative est notoire. « On parle de l'amour « sénile » de Henri IV pour Charlotte de Montmorency (56 ans et 16 ans) » 77

Cela se décline de plusieurs façons.

Le soupçon

Commençons par une anecdote. « Il y a quelques années mon médecin me recommanda la marche à pied comme exercice salutaire. Mais souffrant d'artérite, il m'arrivait de m'arrêter, une crampe plus ou moins douloureuse survenant si je marchais un peu vite. Je m'arrêtais ainsi, un jour, devant une cour d'école durant une récréation. Peu de temps ! Une institutrice survint rapidement me demandant agressivement ce que je faisais là. Je ne faisais rien et donc partis à petits pas. Quelque temps après dans un contexte différent, me survint la même mésaventure. Surpris, j'en parlais autour de moi et ce fut une assistante maternelle, au fait de ce genre de choses, qui m'apprit que probablement, on m'avait immédiatement soupçonné de pédophilie et que désormais, quand un enfant tombait, on ne le relevait pas pour le consoler puis le confier à sa mère, mais qu'il était sage de ne rien voir et de quitter les lieux. »

Le refus de la différence d'âge

Tout se passe comme si les membres d'une classe d'âge ont tendance à penser que ces membres leur appartiennent. Bien que dans la majorité des couples, la gent féminine soit plus jeune que la gent masculine, bien des garçons n'apprécient guère que les filles de leur âge soient attirées par des gens plus âgés Et les différences d'âge marquées, bien qu'autrefois courantes étaient cependant moquées.

Et d'ailleurs, cette différence d'âge en est venue à être le symbole d'un couple mal assorti. Dans une miniature 78 du XV° s. on a par exemple une représentation de Vénus, nue puisque prenant un bain et de son mari Vulcain, tenant des gants, insigne des hauts personnages. A droite un jeune homme ailé tenant un arc, probablement Éros et devant lui se tiennent sans doute les Trois Grâces, puisque selon la tradition, deux regardent d'un côté et la troisième de l'autre.

Chacun sait que Vénus et Vulcain forment un couple mal assorti. Elle, déesse de l'amour et de la beauté. Lui, dieu des volcans et de la forge, boiteux de surcroît. Elle le trompe d'ailleurs abondamment avec des dieux ou des mortels et cela nourrit la chronique « people » de l'Olympe. Pour signifier cette dysharmonie, le miniaturiste reprend un lieu commun et fait de Vénus une jeune et jolie femme, ce qu'elle est, et de Vulcain un vieillard à barbe blanche, ce qu'il n'est pas. La différence d'âge symbolise donc un couple qui est manifestement une erreur aux yeux de tous.

Ces différences d'âge sont moins moquées de nos jours qu'elles ne le furent autrefois,, officiellement du moins, mais ne sont toujours pas bien supportées.

Reportons nous à une de ces romancières, dont les ouvrages

se vendent si bien que l'on peut supposer qu'elles sont en empathie avec les fantasmes de leurs lectrices, (lectrices, car le lectorat est majoritairement féminin quoique l'on ne dispose pas de chiffres précis). Et qu'elles nous dévoilent mieux la sociologie que ne le font les sociologues patentés. Dans un de ces ouvrages, le héros est une vedette d' Hollywood sur le déclin, âgé de 70 ans, mais toujours séducteur et séduisant, passant d'une starlette à une autre, et qui, semble-t-il ne s'est jamais intéressé à une femme de plus de trente ans. Il rencontre une jeune femme médecin de trente ans justement qui lui paraît différente, jolie, distinguée, mais surtout intelligente et faisant un métier aussi passionnant que difficile et fatigant. Elle ne pense pas trop à la différence d'âge, mais lui y pense beaucoup. Ils s'aiment, et cependant, au bout de 300 pages de péripéties, elle épousera un homme de son âge et lui une femme d'une cinquantaine d'années, mais richissime tout de même. Ici donc, une différence d'âge de 20 ans est supportable, une de 40 ne l'est plus.

Un producteur de téléfilms, adaptant il y a quelques années *Le Bossu* de Paul Féval, crut pouvoir en modifier la fin où chacun sait, le héros épouse l'héroïne, comme il va de soi. Il faisait preuve ainsi d'un mépris total de l'auteur d'un roman, certes classé comme littérature populaire, ce qui veut dire qu'il a des lecteurs, ce qui n'est pas toujours le cas de certaine littérature des « élites », prétentieuse, ennuyeuse et qu'on retrouve rapidement chez les soldeurs. Il fait donc épouser au héros, la mère de l'héroïne, au prétexte que la différence d'âge (vingt ans !) entre les deux héros rendrait leur amour et leur mariage scandaleux et insupportables. Ce producteur veut donc profiter de la célébrité de l'œuvre et de la qualité de son intrigue, mais se permet de la tripatouiller avec ce sans gêne qui n'appartient qu'à certains.

Un autre, adaptant *le Comte de Monte Christo* d'A. Dumas, œuvre non moins célèbre, connue de tous, en modifie subtilement la fin. Dans le livre, le héros part au loin avec la ravissante jeune grecque qu'il a sauvée de l'esclavage. Celle-ci, dans les dernières pages, déclare publiquement que bien qu'aimant la vie, elle préférerait mourir que d'être séparée de lui. Quant à l'amour de jeunesse, elle ne veut que prier et finira peut-être ses jours dans un couvent si son fils qu'elle adore, ne survit pas aux aléas de la guerre : il est militaire. Dans le film, en revanche, la fin est ambigüe, et l'on ne sait trop si le héros rejoindra son amour de jeunesse ou la jeune fille Mais l'on nous dit que celle-ci s'est amourachée de quelque jeune homme à la mode. Ne reste que l'ex-fiancée. Ils ont le même âge !

Dans ces deux deniers cas, une différence d'âge de 15 à 20 ans n'est donc pas supportée.

Une fois de plus, il ne s'agit pas seulement de mépris pour des œuvres dont on profite. Il s'agit aussi de propagande idéologique, idéologie importée, qui n'a rien à voir avec la tradition française qui a toujours été un peu « gauloise », que cela plaise ou non, mais bien sûr compensée par la galanterie !

Et cela ne plaît décidément pas, même au XXI° siècle. « Tous ces hommes grisonnants qui s'affichent avec des bébés concurrençant ceux des enfants nés de leur premier mariage ont quelque chose de pathétique. D'autant qu'on ne se sent jamais plus âgé que lorsqu'on cherche à tout prix à se frotter à des jeunesses, qui vous renvoient en réalité en permanence à votre décalage. » Quant à l'explication, « la vérité est tellement banale. Le besoin de chair fraîche des uns rencontre la stratégie d'ascension sociale des autres, qui savent qu'elles doivent agir vite car seul leur physique leur permettra de se faire une place au soleil. » [79] Ah! Qu'en termes galants ces choses-là sont dites. Mais on peut traduire crûment que la femme qui épouse un homme plus âgé qu'elle, d'une part n'a rien dans la tête et d'autre part est une p... Gageons que la « ravissante idiote », évidemment mise en cause ici et probablement connue du Tout Paris, pense de cet auteure à peu près ce que Marquise pensait du vieux Corneille, du moins d'après G. Brassens. Quant à lui, peut-être pense-t-il à la terrible phrase de Sacha Guitry : « Ne cherche pas a te venger d'une femme, le temps s'en chargera. »

La réprobation

> « Il n'y a pas d'amour dont on ne soit meurtri,
> Il n'y a pas d'amour dont on ne soit flétri »
> Louis Aragon, *La Diane Francaise.*

La réprobation de la sexualité des gens âgés est assez générale, sous une forme ou une autre.

Dans *La cousine Bette,* Balzac met en scène deux hommes qui consacrent le plus clair de leur énergie à de jeunes femmes entretenues qu'ils se volent mutuellement. L'un est haut fonctionnaire, décrit comme compétent et efficace. L'autre, un riche commerçant ayant pris sa retraite et maire d'arrondissement de Paris, passablement vulgaire et « nouveau riche ». Le premier, âgé de soixante-trois ans au milieu du roman, se ruine, se livrant à des acrobaties financières pour constituer une dot à sa fille et réduisant à peu près sa femme à une pauvreté qu'elle dissimule de plus en plus difficilement. C'est que l'âpreté au gain, « la rapacité » des femmes qu'il entretient ne peut être comparée « qu'à la soif du sable», nous dit Balzac. Tout cela finit très mal, évidemment. L'un meurt, l'autre, après la mort de sa femme épouse une domestique laide, quoique jeune. Mais il a alors quatre-vingt ans et l'on pourrait ajouter *Ego te absolvo.* Malheureusement, les personnages manquent d'épaisseur psychologique. Ce sont des « types » servant seulement une démonstration sur l'horreur des vieillards libidineux et la misère qu'ils induisent autour d'eux.

Ces sentiments horrifiés sont assez largement partagés.

« … certains enfants à l'école maternelle ont des mères de

plus de *quarante ans,* la mère de mon ami Brian a cinquante ans, elle est plus vieille que ma grand-mère Sadie. Ça veut dire qu'elle l'a eu à quarante-quatre ans ce qui est dégoûtant, je n'arrive pas à croire que les gens continuent de baiser quand ils sont vieux. Oui je sais d'où viennent les bébés, je sais tout. » (Nancy Huston, *Lignes de faille.* L'auteur fait parler un enfant)

« Je trouve qu'après 70 ans, la sexualité, c'est sale, je ne supporterais pas de savoir que mes parents aient des relations comme ça. » (cité par Yves Gineste)

Certains avancent une explication. « Le cœur du problème est le tabou dont est frappé tout ce qui touche à la sexualité et au plaisir. Il est en grande partie levé, mais pas encore pour cette tranche d'âge. Pourquoi ? Pour une raison liée au fantasme œdipien. Dans l'inconscient, la sexualité des personnes âgées est assimilée à celle des parents sur laquelle plane un interdit culturel très fort ». [80]

D'ailleurs, « les jeunes gens ne sont pas seuls à croire que l'activité sexuelle diminue ou doit diminuer avec l'âge. Les gens âgés eux-mêmes croient que la vieillesse est une période asexuée. De nombreuses personnes âgées chez qui le désir sexuel est intense en éprouvent un sentiment de culpabilité et de honte ou se croient même anormales. » [81]

Or « les études médicales démontrent qu'en dépit de ces préjugés culturels la majorité des gens âgés sont capables d'avoir des rapports sexuels et de prendre plaisir à toute la gamme des activités sexuelles auxquelles se livrent les gens plus jeunes. » [82]

Un auteur a identifié cinq grandes « idées » sur lesquelles se fonde la croyance à ce que la sexualité et les rapports sexuels soient réservés aux jeunes gens :

« La première, c'est que la fonction sexuelle ne sert qu'à la procréation et se limite donc à ceux qui en sont capables, c'est-à-dire les jeunes. La seconde veut que la tension sexuelle se manifeste en réponse à l'attrait physique. Admettant que cela soit vrai, il n'en demeure pas moins que la beauté est affaire d'opinion La troisième, c'est que la tension sexuelle, qui atteint son maximum chez les jeunes gens, diminue rapidement jusqu'à l'âge mûr pour devenir quasi inexistante chez les gens âgés. La quatrième idée veut, d'une part, que l'on aime seulement quand on est jeune, et, d'autre part, que les rapports sexuels soient en quelque sorte inextricablement liés à l'amour romantique. Selon la cinquième et dernière idée, le niveau de fonctionnement optimum est atteint au cours de la jeunesse, tandis qu'une incapacité croissante est le propre de la vieillesse. » 83

La sexualité des gens plus âgés semble donc gêner les plus jeunes, comme si cela devait leur être réservé. En conséquence, elle est non seulement méprisée, mais aussi soupçonnée de perversion, car les gens âgés « détestent imaginer qu'un jour viendra où ils conserveront des désirs sans être capables de les assouvir », comme l'affirme Mlle S. de Beauvoir, qui, aimable et chaleureuse à son habitude, parle de « vieillards libidineux et impuissants ». Elle ajoute : « Ce vieillard, même encore capable d'une activité normale, cherche souvent des satisfactions indirectes; à plus forte raison s'il est impuissant. » 84 Autrement dit, c'est un pervers, c'est à dire un vieux cochon, à l'évidence capable des monstruosités de Tibère vieillissant rapportées par Suétone. Pour la romancière, les pervers sont évidemment des hommes. Hélas ! Signalons ainsi qu'aux USA, les détenus mineurs sont fréquemment violés en prison : « Quelque 95% de ceux qui ont subi une agression sexuelle de la part de gardiens ont indiqué qu'il s'agissait de personnel féminin. » 85

Au total, le refus de la sexualité des gens âgés semble faire partie d'un stéréotype culturel très répandu voulant que les gens âgés soient laids, impuissants, malheureux et impotents. Et les médias présentent toujours les objets sexuels les plus désirables comme des individus jeunes, beaux, riches évidemment ou en train de le devenir.

Cependant, des relations sexuelles entre personnes ayant une différence d'âge existent, et semble-t-il avec satisfaction mutuelle.

« Bonjour à tous ... Je voudrais vous parler d'une expérience personnelle et savoir si certains d' entre vous ont vécu la meme chose et ce que vous en pensez. J'ai entretenu une relation (qui a duré deux ans à raison d'un jour par semaine) avec une femme dont l'âge se situait entre 60 et 70 ans (je n'en ai que 35). Je n'ai jamais connu de femme qui m'ait excité autant, avec qui j'ai pu réaliser autant de fantasmes et avec qui j'ai obtenu autant de plaisir. Je dois rajouter aussi qu'elle avait fait de moi un amant assez performant et je dois dire qu'il m'arrive souvent de regretter que cela ce soit terminé. » 86

Mais parfois aussi avec culpabilité :« Bonjour je suis infidéle depuis 9 mois je cherche les mots car c'est la 1ère fois que je me confie. L amant en question est une personne de 68ans moi j'ai 34ans (inexplicable) mais pour la 1ère fois de ma vie à chaque fois que nous faisons l'amour je suis comblée, il me fais réver bien que je sais qu'il n'y a pa d'avenir, moi sc qui m'intéresse c'est le présent. Nous vivons dans des pays différents mais puisque nous travaillons ensemble pour un projet nous nous trouvons tjrs des prétexes pour se voir 1 fois par mois.et mon mari dans tout sa je ne pense même plus à lui. je suis perdue je ne sais plus koi penser et je me dis que le gens ne comprendrons pas comment une femme de 34ans peut être satisfaite d'un homme de 68ans. J'ai besoin de parler de se que je ressens venez à mon secour »

Ce courrier trouvé dans un forum de discussions sur Internet est assez ambigu. On ne sait trop si le besoin de parler est lié à l'infidélité ou à l'âge de l'amant, son attirance étant qualifiée « d'inexplicable ». Une fois de plus les différences d'âge entre partenaires sexuels ne semblent toujours pas aller de soi.

Le rôle de l'argent

« Et le monde, en supporterais-tu les jugements et les railleries ? Si j'étais riche, il dirait que je t'achète et que tu te vends, ne pouvant admettre que tu puisses m'aimer. Si j'étais pauvre, on se moquerait de ton amour, on en rendrait l'objet ridicule à tes propres yeux, on te rendrait honteuse de ton choix. Et moi, on me ferait un crime d'avoir abusé de ta simplicité, de ta jeunesse, de t'avoir acceptée, ou d'avoir abusé de l'état de désir où tombe... »

Chateaubriand, *Amour et vieillesse.*

La différence d'âge, presque toujours moquée, souvent méprisée nous l'avons souligné, l'est aussi en raison du rapport à l'argent. C'est l'un des innombrables sujets sur lesquels on ne dispose pas de chiffres, ni même d'enquête élémentaire. Mais l'imaginaire collectif suppose que le plus âgé est le plus riche et de beaucoup. Ce qui est probable en effet. Mais bien des enquêtes ont démontré que des hypothèses apparemment très probables étaient parfaitement fausses. On ne peut donc trancher.

Ce mépris a toujours existé sous une forme ou une autre. Dans l'antiquité : « Le haut du pavé appartient à ceux qui gagnent des héritages avec leurs nuits, qui savent la meilleure route pour faire leur fortune, c'est-à-dire qui passent par la vulve d'une vieille richarde. » [87]

Au XVII° siècle : « Un dessin du peintre néerlandais Hendrick Goltzius pose de façon aiguë le problème de l'exclusion du désir sexuel des vieux dans la société moderne qui s'élabore au début du XVII° siècle. Couples mal assortis, vieilles entremetteuses, gitanes burinées et jeunes seigneurs, vieillards amoureux : les thèmes s'enchevêtrent dans la peinture dite de genre, élaborée aux Pays-Bas au sein d'une société bourgeoise. [...] La représentation des vieillards est circonscrite à l'alternative cruelle de la dignité institutionnelle ou du ridicule amoureux. Le désir amoureux du vieillard est scandaleux, inconvenant, improbable. Il ne peut passer que par l'entremise des rapports d'argent. La figure du vieillard ridicule et scabreux vient désamorcer la puissance subversive de ce désir.

« Cette vieille qui offre l'argent est plus scandaleuse encore. Elle renverse le rapport de séduction généralement admis dans la galanterie, où la femme est "l'objet des feux" et ne saurait être conquérante, à moins d'être magicienne ou sorcière.

« Deux fois minoritaire, par l'âge et par le sexe, la vieillarde amoureuse de Goltzius est déviante, subversive et dangereuse. Elle aboutira probablement à ses fins : le galant penche plus vers les pièces d'or que vers le sein de la jeune fille qu'il presse pourtant. » 88

Des représentations modernes sont encore plus crues. comme celle de l'Argent de F. Kupka, où une vieillard portant une énorme boule d'or (ou est-ce son ventre lui-même ?) s'agenouille devant une femme nue.

Conclusion

Deux cas de figures sont possibles. Vous n'avez plus ou pratiquement plus de sexualité, que le désir ne soit plus là ou que la machine soit défaillante. Dites tant mieux, car vous voilà débarrassé d'un souci qui vous a posé pas mal de problèmes autrefois, ne serait-ce que parce que les relations avec l'autre sexe sont parmi les plus torturées qui soient. Dans l'autre cas, vous avez gardé une sexualité vivante. Dites aussi tant mieux... et profitez-en, sans culpabilité aucune.

Dans les deux cas, soyez discret, car l'on vous reprochera tout, son inverse et leur contraire !

Accepter les conséquences du passé

« Est-ce avoir bien de la raison que de déclamer en tous lieux et à toute heure contre l'aveuglement de la fortune, que d'employer sans cesse son esprit à faire d'inutiles retours sur le passé, et à se livrer à de continuels murmures sur le présent, ou à des frayeurs paniques sur l'avenir ? Usons mieux de l'heure présente. »

Le Maître de Claville. *Traité du vrai mérite de l'homme,*1737.

Il y a d'abord des conséquences qui ne sont pas de votre fait. Un décès prématuré ou accidentel. Un divorce que vous ne vouliez pas. Des enfants auxquels vous pensez avoir beaucoup sacrifié et qui ne vous en ont aucune reconnaissance, continuent à demander la lune, ou pis vous en veulent. Bien des gens, répétons-le, sont plus sensibles à leurs droits, imaginaires, qu'à leurs devoirs, réels.

Votre vie passée, déjà bien remplie, a aussi des conséquences qu'il n'est plus guère possible de modifier, mais qui sont de votre fait, même si vous avez une tendance, bien naturelle, à penser que les responsabilité des autres sont aussi, sinon plus lourdes que les vôtres.

Il est une exercice bien inutile, auquel on se livre trop souvent, celui des regrets. Des disparitions vous ont endeuillé. La maladie vous a frappé de façon arbitraire. Certaines crises économiques ont ralenti votre carrière de façon aussi imprévisible qu'imméritée. Des injustices ont été commises à votre égard. Vous avez perdu votre temps lors de votre service militaire, et même éventuellement le respect que vous deviez, disaient-ils à vos supérieurs. Comme peut-être d'ailleurs, l'avait fait votre propre père lors de la débâcle de 1940. La liste peut être longue et les souvenirs éprouvants. Mais ce sont des faits.

Quant aux sentiments, ce qui rend les choses plus difficiles, c'est qu'ils n'ont rien de factuel. Vous avez peut-être encore la conviction que vos parents ne vous ont pas donné toute l'affection que vous auriez souhaité, ou qu'ils n'ont pas su vous armer pour la vie. Ou que vos relations affectives ont toujours été déséquilibrées et à votre détriment. Mais peut-être vous trompez-vous. Ou peut-être après tout, est-ce aussi de votre faute !

Inutile donc de remâcher des regrets douloureux. C'est le moment d'oublier et de vous tourner résolument vers l'avenir. Il ne vous reste plus tellement de temps !

… et continuer à faire des projets

> « Un homme n'est vieux que quand les regrets ont pris chez lui la place des rêves. »

John Barrymore.

> « Il est un âge où les forces de notre corps se déplacent et se retirent dans notre esprit. »

Joubert, *Pensées*.

Commençons par la *doxa* ou le catéchisme. « Pour que la vieillesse ne soit pas une dérisoire parodie de notre existence antérieure, il n'y a qu'une solution, c'est de continuer à poursuivre des fins qui donnent un sens à notre vie […] La vie garde un prix tant qu'on en accorde à celle des autres, à travers l'amour, l'amitié, l'indignation, la compassion. Alors demeurent des raisons d'agir ou de parler. » (Simone de Beauvoir, *La vieillesse.*) C'est très bien de penser aux autres et l'on voit d'ailleurs mal une philosophe prêcher l'égoïsme : un sermon est un sermon. Nous le ferons donc à sa place, n'étant pas philosophe, Dieu merci. Pensez aux autres, mais pensez aussi à vous, car les autres, eux, ne penseront à vous que pour autant que cela ne les dérange pas et surtout que cela les arrange.

C'est le propre de la jeunesse que de faire des projets, souvent trop nombreux, emmêlés et même contradictoires. Et surtout peu réalistes, car on s'imagine encore que le monde va plier devant ses désirs, ce qui est rarement le cas. La stratégie sera pour plus tard.

Mais faire des projets a plusieurs avantages. Si l'on se projette, c'est dans l'avenir et c'est donc que cet avenir existe. Or vieillir, c'est un rétrécissement de l'avenir, et si l'on a des projets, on élargit cet avenir et on le remplit.

Cet ouvrage, par exemple, est en partie le résultat d'un pari fait avec un de mes petits fils. Il rêve d'écrire des bandes dessinées, de les publier, d'en tirer une série télévisée et d'obtenir la célébrité sur Internet. Hélas ! et c'est de son âge, il entreprend beaucoup mais ne sait pas terminer ce qu'il a entrepris. « Je suis paresseux », clame-t-il et pour lui cela a valeur non seulement d'explication mais aussi d'excuse. J'ai donc fait le pari avec lui d'écrire le mot « FIN » sur un ouvrage, *bos suetus aratro* [89] , avant qu'il ne le fasse lui-même sur l'un des siens.

Ces projets peuvent être ramenés, de façon schématisée, à deux catégories, simplifier ou au contraire se lancer dans des choses plus complexes, nouvelles, plus actives.

Prenons deux exemples. Imaginons que vous avez un jardin, fut-ce de quelques mètres carrés ou même un simple balcon. Simplifier, ce sera, par exemple, remplacer vos fleurs annuelles, qu'il faut donc fréquemment renouveler, par des plantes pérennes, qui repousseront tranquillement chaque printemps. Vous n'aurez plus que des activités de nettoyage et éventuellement de taille. Complexifier, ce sera se lancer dans des activités plus exigeantes, par exemple, dans la culture de bonsaïs, de plantes tropicales, etc., qui demandent des soins constants.

Imaginons aussi votre pratique de l'informatique. Simplifier, c'est utiliser des logiciels commerciaux, d'application aisée, mais coûteux. Se lancer dans une activité nouvelle, ce sera utiliser Linux et des logiciels libres ou vous mettre ou vous remettre à la programmation.

Une bonne part de vos activités peut être envisagée sous ces deux angles. Vous pouvez, par exemple, ne plus utiliser que des conserves et des plats surgelés ou, à l'inverse, vous lancer résolument dans la nouvelle cuisine française ou les cuisines exotiques.

Nous vivons le plus souvent dans des états de fait. Nous avons pris des habitudes, plus ou moins bonnes, plus ou moins saines, plus ou moins efficaces. Et nous nous y tenons. Parfois même, nous nous donnons bien du mal pour justifier l'injustifiable. Chaque activité pourrait être passée au crible du : est-ce que je simplifie ou est-ce que je complexifie? Il n'est peut-être pas nécessaire « d'enrichir » des tâches telles que faire la vaisselle ou nettoyer les carreaux. Et il est sans doute plus fructueux de créer un site Internet, de faire vivre un blog, ou de relire (ou de lire) les pré-socratiques, la Bible, Proust, quelque policier ou la dernière parution de la collection Harlequin. Ou même d'écrire vos mémoires. Quant à les publier, évidemment, c'est autre chose ! Sauf si c'est à vos frais !

Un guide peut être utilisé dans les choix à effectuer. Avec le temps, certaines activités physiques deviendront de plus en plus fatigantes, de plus en plus difficiles. En revanche, les activités intellectuelles pourront être préservées plus longtemps. Il est donc sage de simplifier tout ce qui demande des muscles, du souffle, de l'endurance. Et de complexifier ce qui relève du cérébral. Ce qui, de plus, aura valeur d'entraînement.

« En vérité il ne faut pas seulement s'occuper de son corps, mais encore beaucoup plus de son intelligence et de son esprit ; car eux aussi sont éteints par la vieillesse comme une lampe qu'on n'alimenterait pas en huile. Et pour entraîner ma mémoire à la manière des Pythagoriciens, je me remémore totalement le soir ce que j'ai appris, dit, fait, dans la journée. » 90

Vous pouvez même engager des projets dont la durée d'exécution dépasse la durée de vie probable dont vous disposez. La critique faite au vieillard dans la fable de La Fontaine : « Passe encore de bâtir, mais planter à cet âge! » 91 n'est guère recevable. Certes, il faut un an ou deux pour bâtir une maison, alors qu'il en faut cinq ou dix pour récolter les fruits d'un arbre ou jouir de son ombrage. Mais l'arbre planté vivra des dizaines ou des centaines d'années Même mis en terre par quelqu'un de jeune, sa durée de vie excèdera probablement celle de son planteur. Le problème est donc à peu près le même quelque soit l'âge.

Transmettre

La transmission des biens et des savoirs était jadis une des fonctions essentielles de la vieillesse. Celle des biens l'est restée, d'autant plus que nous vivons dans un monde d'héritiers où le mérite personnel est devenu une « cerise sur le gâteau », mais n'est pas vraiment indispensable pour réussir. Dans les biens, il faut évidemment compter comme autrefois, les mariages, les relations, certain savoir-vivre et un vernis culturel, superficiel mais à la mode. On peut même y ajouter, de nos jours, la capacité à jargonner. Et surtout, en face d'une caméra de télévision.

L'explosion, très récente, des sciences, des techniques et de leurs moyens de transmission, a profondément dévalorisé les savoirs détenus par des gens âgés, qui n'ont plus de valeur professionnelle et de moins en moins de valeur d'usage quotidien. Il n'y a guère que le jardinage qui n'ait pas été modifié profondément en un siècle. Et une partie du bricolage, mais allez donc ouvrir un ordinateur ou un téléphone portable pour les bricoler. La plupart ne s'ouvrent même pas. Ils ne sont pas conçus pour être modifiés ou réparés, mais pour être jetés à la première panne venue. Si bricolage il y a, il ne peut être que logiciel, et les plus jeunes y sont souvent plus compétents. Et même chez eux, n'est pas *hacker* qui veut.

Ceci affecte des domaines intimes. Heureux ceux qui ont gardé des photos en noir et blanc. Si vous avez conservé vos souvenirs familiaux sur diapositives, leur projection ne sera possible que pour autant que la lampe de votre bon vieux projecteur ne sera pas grillée. Il est pratiquement impossible de la remplacer. Idem pour vos films en 8mm. Et vous avez peut-être aussi une collection de disques 33 tours, alors que votre électrophone est défaillant. Évidemment, tout peut être numérisé, mais à quel prix ? Si la transmission à soi-même est difficile, celle à autrui l'est évidemment encore plus.

Pourquoi transmettre et à qui transmettre ?

C'est d'abord un plaisir presque égoïste que de contribuer à quelque chose qui pourra servir à d'autres, alors que vous êtes catalogué comme inactif, c'est à dire à peu près inutile. C'est un autre plaisir que de propager des idées, des connaissances, des façons de voir, de dire ou de faire, que vous estimez justes, efficaces ou fructueuses et auxquelles de toute façon, vous tenez. De plus vous contribuez à augmenter le capital de connaissances de celui auquel vous transmettez et qui pourront éventuellement lui servir plus tard, fut-ce quand il sera naufragé sur une île déserte !

Enfin, notre société de consommation et de gaspillage a un peu perdu la boussole. Elle ne sait plus d'où elle vient, où elle va et quel est le sens de son hyperactivité. Fixer des repères, montrer une continuité, donner du sens, est de nos jours presque un devoir citoyen.

On a remarqué que les cycles de mode vestimentaire avaient environ trente ans à quarante ans, à peu de choses près le temps d'une génération. Il en est de même pour beaucoup d'autres modes, artistiques, littéraires, politiques, etc. Ce qui veut dire que vous avez plus de chance d'intéresser vos petits-enfants que vos enfants marqués de plus par la lutte pour se rendre autonomes vis à vis de vous. Car les premiers vous pensent usagé, alors que les seconds vous penseront plus facilement ancien, ce qui n'a pas la même valeur sur le marché. Autrement dit, vos enfants vous penseront « brocante » et vos petits-enfants « antiquités ».

D'ailleurs, certaines sociétés ont valorisé cette relation grand père - petit fils. Dans la langue canaque, qui connaît la forme grammaticale du duel, une des variétés de ce duel concerne spécifiquement cette relation grand père - petit fils. 92

L'obsolescence des techniques et des matériels étant très rapide de nos jours, cela implique de centrer la transmission sur des savoirs, des savoirs faire et des savoirs être, dont l'utilité ne disparaîtra pas en quelques décennies. Si, il y a quelques années, vous avez appris à programmer en Basic sous MS-Dos, vous ne trouverez plus ni les machines, ni les systèmes pour faire tourner vos programmes. En revanche, ce que vous aurez appris dans la conception de certains algorithmes sera toujours utilisable et vous pouvez le transmettre.

Cependant, une autre transformation joue. Autrefois, un artisan dominait une assez large palette de connaissances. Un garagiste était aussi bien mécanicien que tôlier ou électricien. De nos jours, chacun est étroitement spécialisé et toute réalisation mobilise des équipes importantes et des investissements lourds. Les métiers qui ne nécessitent qu'un papier et un crayon, écrivain, dessinateur, mathématicien, sont rares et demandent des talents également rares. Seuls quelques petits génies peuvent encore réinventer le monde dans le garage de leurs parents. Mais très vite, il leur faut mobiliser des capitaux considérables. A défaut...

Que transmettre ?

Transmission de règles et de valeurs

Le code de la route, par exemple, est un ensemble de règles qui évolue peu, telle la priorité aux voitures qui viennent de la droite. Il y a là comme ailleurs des exceptions stupides comme celle qui gouverne la priorité aux ronds-points. Il y a aussi l'ajout sans fin de nouveaux panneaux qui ne servent pas à grand-chose, sauf à rendre la passation du permis plus difficile. Mais dans l'ensemble le code de la route évolue peu et il ne sera pas obsolète d'ici longtemps. C'est un bon exemple de connaissance de règles à transmettre.

On peut évidemment élargir à des règles qui ne sont plus seulement techniques et à des valeurs qui touchent à la vie en société. « Les personnes âgées aident à prendre tous les événements d'ici-bas avec plus de sagesse, car les vicissitudes les ont dotées d'expérience et de maturité. Elles sont les gardiennes de la mémoire collective et, pour cette raison, les interprètes privilégiées de l'ensemble de valeurs et d'idéaux communs qui règlent et guident la convivialité sociale. Les exclure, c'est, au nom d'une modernité sans mémoire, refuser le passé où s'enracine le présent. Les personnes âgées, par leur expérience et leur maturité, sont en mesure de proposer aux jeunes des conseils et des enseignements précieux. » 93

Les valeurs, c'est tout ce qui concerne le bien et le mal. Cela va du péché et de la vertu à simplement ce qui se fait et ne se fait pas, à un moment donné et dans une société donnée. Cela ne varie que très lentement, du moins pour les vices. Quant aux vertus, au sens large, chaque envahisseur oblige les vaincus à croire à celles qu'il prône. Il faut des siècles pour qu'elles soient pratiquées puis intériorisées. Mais ensuite, cela reste très stable. Il a fallu presque mille ans pour que le christianisme imposé par le colonisateur romain se répande en Gaule, autrement qu'en surface. Mais ensuite, il est resté la référence pendant encore presque mille ans.

Cependant cette stabilité est d'abord due à un système éducatif, le plus souvent répressif dans beaucoup de sociétés. A défaut... Et l'on sait que de nos jours l'école a beaucoup de mal à transmettre les valeurs républicaines. Et comme il n'y a plus de curés pour transmettra les valeurs chrétiennes, c'est à chacun de se battre pour transmettre ce à quoi il croit. Car l'environnement est franchement négatif : «La culture médiatique qu'ils (les enfants) consomment quotidiennement, et dont les programmes jeunesse ne sont qu'une partie, fonctionne sur des valeurs souvent opposées à celles de l'école :

promotion de la réussite spectaculaire sans efforts, promotion de l'exposition de l'intimité, fonctionnement dans l'instantané et la satisfaction immédiate, banalisation des comportements aberrants, pervers et criminels...» 94

Notre époque étant celle du changement rapide et incontrôlé dans tous les domaines, le code des valeurs se modifie donc lui aussi, plus lentement nous l'avons dit. Des comportements sexuels qui étaient un crime il y a un demi-siècle, ont été légalisés et sont même à la mode. D'autres qui étaient tacitement tolérés sont devenus des monstruosités inexpiables. Le changement le plus important est peut-être que les notions même de bien et de mal semblent devenues étrangères à une partie de la population. C'est peut-être le point où vous avez un rôle à jouer.

Prêchez par l'exemple et non par le sermon, car nous transmettons ce que nous sommes et non ce que nous disons. Respectez scrupuleusement le code de la route et expliquez pourquoi. Utilisez un composteur dans votre jardin et expliquez que notre planète va mal. Ce sont des explications techniques. Cependant, lorsque vous suivez les règles de la civilité, faites-le seulement mais n'expliquez pas pourquoi, vous passeriez pour un radoteur, car ce sont des explications morales.

Transmission des savoirs vivre

Les savoirs vivre c'est à la fois un certain nombre de comportements qui facilitent la vie en société et de marqueurs sociaux qui indiquent votre place et la place que vous accordez à l'autre dans cette société. Savoir dire « merci », « s'il vous plaît » ou « veuillez m'excuser » peut régler un certain nombre de petits conflits ou faciliter certaines rapports ou même certaines négociations. Savoir dire « veuillez m'excuser » et non « je m'excuse » est un marqueur social qui indique d'une part que vous maîtrisez les subtilités de la langue française et d'autre part qu'on vous a appris à tenir compte de l'autre, à vous mettre à sa place, à reconnaître ses droits.

On raconte qu'autrefois on pouvait reconnaître la bonne éducation d'une jeune fille au fait qu'elle était capable, élégamment, de manger des petits pois en utilisant le dos de sa fourchette. Si vous ne l'avez pas appris avant l'âge de dix ans, c'est très difficile, comme il est très difficile de maîtriser certains sports s'ils n'ont été appris dans l'enfance. On peut certes penser que c'est de peu d'importance et que ce n'est pas tous les jours que l'on reçoit le prix Nobel et que l'on doit être présenté au roi de Suède !

Ces savoirs vivre évoluent ou se perdent, chacun l'appréciera à sa façon. La domination dans les médias des gens riches, à quelque titre que ce soit, le peu d'éducation qu'ils ont généralement reçue, la vulgarité qu'imprime presque toujours l'argent et le pouvoir, font passer certaines politesses pour désuètes sinon franchement ridicules. Mais dans ce domaine comme dans bien d'autres, il vaut mieux savoir et ne pas utiliser, que de ne pas utiliser parce que l'on ignore complètement.

Vous avez un rôle à jouer dans ce domaine vis à vis de vos petits-enfants. Ils se moqueront doucement de vous mais plus tard vous en seront reconnaissants. Et puis réduire les incivilités qui polluent la société française actuelle est du ressort de tout un chacun.

Transmission de culture

« Savant et vieux, il n'aimait pas les nouveautés. »

A. France, *Balthasar.*

Si l'avenir désormais défie les prévisions, le passé a l'immense avantage d'être fixé une fois pour toutes, comme il l'a toujours été. Certes l'archéologie fait des découvertes, l'histoire est précisée, mais une commode Louis XV reste et restera une commode Louis XV, et la capacité à la distinguer d'une commode Louis XVI ne deviendra pas obsolète. Les connaissances concernant le passé sont donc relativement stables et peuvent être transmises. Là comme ailleurs, il faut savoir faire surgir l'occasion. Là comme ailleurs, il faut partir de ce que l'autre sait déjà, et de ce qu'il souhaite apprendre. Mais les enfants (jeunes !) sont spontanément curieux et il faut donc partir de leur propre curiosité pour y répondre et y ajouter autre chose. Le plus simple est de répondre à leurs questions, toutes leurs questions, même celles apparemment saugrenues, sans intérêt, ou qui marquent surtout, *a priori*, le désir de se faire remarquer, et d'élargir ces questions et vos réponses. Imaginez que vous semez à la volée, il y aura toujours une graine ou une autre pour prendre racine. Pensez aussi qu'il faut 20 ans à un arbre pour prendre forme. Et puis, après tout, « il n'est pas nécessaire d'espérer pour entreprendre, ni de réussir pour persévérer.»

Transmission de l'histoire familiale

Il y a sans doute, dans votre histoire personnelle ou l'histoire de votre famille, même si elle ne remonte pas aux croisades, des éléments plus ou moins marquants. En tout cas, vous ou des membres de votre famille avez participé à des évènements marquants, fut-ce malgré vous, comme dans le cas des guerres. Un membre de votre famille était un républicain espagnol, ou a fait de la résistance, ou a été déporté, ou bien... s'est retrouvé du mauvais côté de la barrière dessinée par l'histoire. Recherchez-ces évènements, transmettez-les. Si vous ne le faites pas, ils sombreront dans l'oubli.

Voici quelques témoignages à propos de souvenirs remarquables pour eux que certains s'efforcent de transmettre.

« Je suis né dans une petite ville industrielle où eut lieu en 1897 une des premières grandes grèves de l'histoire du mouvement ouvrier. Le site Internet de la mairie n'en parle pas. Cette ville fut aussi longtemps un des centres de l'industrie de l'amiante, avec les conséquences que l'on sait. Le site de la mairie n'en parle pas non plus, même si c'est devenu un scandale national.. De l'amiante, il est facile d'en parler à bien des occasions. Des grèves, il faut savoir faire naître ces occasions, mais j'y tiens. »

« Un des mes grand pères, sabotier, écrivait des chansons sur des copeaux de bois, et les chantait en famille à l'occasion, sur des airs connus à l'époque. J'étais encore bien enfant, mais je me souviens que l'une parlait de la Commune et d'un membre de la famille fusillé sans jugement par les Versaillais. Souvenir plus ou moins occulté et je n'ai jamais pu avoir de renseignement précis. C'est, cependant, un point de l'histoire familiale auquel je tiens également et j'essaie d'en transmettre au moins la légende. »

« En juillet 1944, nous étions réfugiés dans une ferme des environs et chaque soir j'allais chercher le lait dans une autre ferme, par des chemins creux ou en longeant les haies, car les avions mitraillaient tout ce qui bougeait et même ne bougeait pas. Une partie de l'armée allemande, motorisée, montait vers le front. Une autre partie se repliait avec quelques chevaux. Je tombais ainsi sur une cantine roulante, où quelques soldats allemands faisaient la cuisine. Je m'arrêtai à quelques mètres saisi par l'odeur. Un soldat âgé me vit, comprit la situation et me tendit un morceau de pain. C'était un de ces pains noirs à la saveur un peu acide, mais j'avais faim... Je bafouillai un remerciement et m'enfuis. J'aime raconter cette histoire pour montrer que le pire peut s'accompagner de sentiments plus humains. »

« Un de mes arrière-grand-père était « rebouteux », c'est à dire guérisseur, utilisant des « simples », des passes des mains et quelques formules plus ou moins déguisées en prières. Il était aussi chasseur de sorciers. Lui et d'autres se réunissaient la nuit et par la force de leur pensées obligeaient les sorciers à se dévoiler. Cela exigeait une telle concentration qu'ils en suaient du sang, paraît-il. Honnêtement, je n'en ai jamais parlé à mes enfants ou petits-enfants, par manque d'occasion et aussi parce que cela leur paraîtrait étrange sinon étranger. Je le regrette, mais cela n'a plus de sens aujourd'hui, me semble-t-il, pour des jeunes.»

Ne pensez pas que ces éléments soient anecdotiques. En effet, « Cette référence aux grands parents et aux ancêtres constitue un élément important de l'identité des individus. L'absence d'un tel lien avec le passé constitue un traumatisme chez les enfants abandonnés qui ne connaissent pas leur filiation d'origine, chez les survivants de massacres collectifs ou de génocides [...] Cette quête parfois passionnée des origines a quelque chose de troublant comme si on ne pouvait vivre sans s'appuyer sur son passé généalogique. La souffrance et le manque qui en résultent sont là pour dire l'importance mythique du fondement ancestral de l'identité et de ce qu'on appelle les racines. » 95

On peut regretter, par exemple, que nombre de gens d'origine étrangère n'entretienne pas dans leur famille la connaissance de la langue maternelle. Les parents la parlent, les enfants la comprennent, mais la parlent si mal qu'ils n'osent l'utiliser et les petits enfants ne la comprennent même plus. Même si c'est une langue parlée par des millions de personnes dans le monde et qui ne risque pas de disparaître rapidement, sa méconnaissance dans votre famille est une perte, car une langue c'est tout un univers culturel. Et même moral, par exemple dans ses proverbes. Il en est de même évidemment pour les parlers occitans, le basque, le breton, etc. et pourquoi pas, les « patois » picards, normands ou autres.

N'oubliez pas qu'une des caractéristiques, sinon un des travers, des plus jeunes est de penser implicitement que le monde est né avec eux. Ils manquent cruellement d'épaisseur historique. L'école ne fait pas grand-chose, les grandes écoles ou l'Université, non plus. Essayez de combler une partie de ce vide à partir de votre propre vécu ou de celui de votre famille.

D'autant qu'on a noté que les gens âgés étaient meilleurs conteurs que les autres. 96 Pour une fois qu'on vous reconnaît une qualité et non un manque, profitez-en : racontez !

Transmission de savoirs faire

Ce n'est pas aussi accessoire que cela peut le paraître, parce que nous vivons dans un monde du gaspillage où l'on ne se donne plus la peine de réparer. L'on jette et l'on rachète. Certes beaucoup d'objets sont conçus fort volontairement, pour ne pas être réparés, pour le plus grand profit de gens déjà très riches. Combien d'appareils électriques sont jetés, parce que la prise de courant est défaillante alors que l'appareil est, lui, en bon état. Les chineurs et les biffins en savent quelque chose. Réparer, bricoler, devient une attitude vertueuse quant à la sauvegarde de l'environnement. L'on n'apprend pas cela à l'école et vos enfants ou petits-enfants peuvent être savants en électricité, tout en ignorant le fonctionnement d'appareils très simples et l'utilisation d'outils autrefois banaux. Dans ce domaine, rien ne vaut l'exemple. Donnez-le. Montrez. Beaucoup de gestes, de tours de main, ne s'oublient pas lorsqu'on les a vus exécuter plusieurs fois, alors qu'ils sont difficiles à décrire. Vous éviterez ainsi à vos enfants et surtout à vos petits-enfants, d'avoir à appeler un plombier pour déboucher un évier !

Ne soyez pas trop critique

> « A-t-on jamais vu la vieillesse ne pas louer le temps passé et ne pas blâmer le présent, faisant porter au monde et aux mœurs des hommes le poids de sa propre misère et de son chagrin? »

Montaigne, *Essais.*

Transmettre, c'est donner envie de connaître et faire connaître autre chose que l'univers dans lequel vivent spontanément ceux auxquels vous voulez transmettre. Ne soyez donc pas critique à tout propos vis à vis de cet univers. C'est difficile, on l'a toujours constaté. « Le souvenir de leur jeunesse est tendre dans les vieillards: ils aiment les lieux où ils l'ont passée; les personnes qu'ils ont commencé de connaître dans ce temps leur sont chères; ils affectent quelques mots du premier langage qu'ils ont parlé; ils tiennent pour l'ancienne manière de chanter, et pour la vieille danse; ils vantent les modes qui régnaient alors dans les habits, les meubles et les équipages. Ils ne peuvent encore désapprouver des choses qui servaient à leurs passions, qui étaient si utiles à leurs plaisirs, et qui en rappellent la mémoire. Comment pourraient-ils leur préférer de nouveaux usages, et des modes toutes récentes où ils n'ont nulle part, dont ils n'espèrent rien, que les jeunes gens ont faites, et dont ils tirent à leur tour de si grands avantages contre la vieillesse? » 97

Vous pensez peut-être que les plus jeunes vivent dans un monde factice fabriqué de toutes pièces par la publicité de multinationales dont le seul objectif est l'augmentation de leurs profits. Grave erreur ! Les plus jeunes vivent dans un univers dont ils se croient, non seulement les acteurs, mais aussi les auteurs et qu'il serait mal venu de critiquer. Au mieux, vous pouvez déguiser vos désaccords en désaccords politiques. Ne parlez pas trop du passé, parlez du futur. Les plus jeunes ne seront guère intéressés par l'évocation de l'incroyable floraison d'idées sociales ou politiques qui ont accompagné la révolution de 1848 ou la Commune de Paris. Ils ignorent probablement que les logiciels « open source », les mutuelles de santé, etc. y prennent racine. Mais vous pouvez évoquer l'idée que leurs partages gratuits de fichiers musicaux en sont une résurgence.

Voici un bon exemple de ce qu'il ne faut pas faire. Un merle s'adresse à son fils : « Il ne s'agit pas de cela, dit mon père ; que signifie la manière absurde dont tu viens de te permettre de siffler ? qui t'a appris à siffler ainsi contre tous les usages et toutes les règles ?

- Hélas ! Monsieur, répondis-je humblement, j'ai sifflé comme je pouvais, me sentant gai parce qu'il fait beau, et ayant peut-être mangé trop de mouches.

- On ne siffle pas ainsi dans ma famille, reprit mon père hors de lui. Il y a des siècles que nous sifflons de père en fils, et, lorsque je fais entendre ma voix la nuit, apprends qu'il y a ici, au premier étage, un vieux monsieur, et au grenier une jeune grisette, qui ouvrent leurs fenêtres pour m'entendre. » 98

Vous pouvez penser que l'incroyable progrès actuel technique et scientifique ne s'est pas accompagné d'un progrès du même ordre dans les Lettres et les Arts, également dominés par la « communication », mélange de pub, de propagande et d'autosatisfaction; que la musique écoutée par les jeunes est d'une étonnante monotonie; que les romans à la mode manquent de la plus élémentaire intrigue :

« Le sujet de mon ouvrage n'était autre que moi-même : je me conformai en cela à la grande mode de notre temps. Je racontais mes souffrances passées avec une fatuité charmante ; je mettais le lecteur au fait de mille détails domestiques du plus piquant intérêt ; la description de l'écuelle de ma mère ne remplissait pas moins de quatorze chants... » (A. de Musset).

Vous pensez aussi que les philosophes actuels sont au mieux, des journalistes ayant du flair quant à ce qui peut plaire à un moment donné. Autre erreur !

Vos enfants et surtout vos petits-enfants, ne lisent pratiquement pas de livres. Ils ignorent non seulement la musique classique, mais peut-être même son existence. Leur connaissance de la peinture, au mieux, commence et s'arrête aux impressionnistes. Ils ne sont plus allés dans un musée depuis la dernière fois où vous les y avez traînés. Au plus, parlez-leur de ce que vous lisez ou voyez. Essayez d'avoir un effet d'entraînement, mais n'imposez pas.

De même vous pensez peut-être que les vêtements dits de marque sont mal coupés et cousus à la va vite et que ce n'est pas parce qu'ils arborent un logo qu'ils sont plus élégants. Voilà bien votre esprit rétrograde sinon réactionnaire !

Dans tous ces domaines, ne critiquez pas. Cela n'aurait aucun effet, ou pire un effet contraire. Il vous faut apprendre à vous taire, à moins d'entrer dans des conflits totalement vains. « Le silence politique est celui d'un homme prudent, qui se ménage, qui se conduit avec circonspection, qui ne s'ouvre point toujours, qui ne dit pas tout ce qu'il pense, qui n'explique pas toujours sa conduite et ses desseins, qui, sans trahir les droits de la vérité, ne répond pas toujours clairement, pour ne point se laisser découvrir. » 99

Dans le champ de vos relations avec vos enfants et surtout petits-enfants, comme dans beaucoup d'autres, avoir raison n'a aucune importance. Pensez à Galilée ! Pensez : « Et pourtant, la terre tourne ! » mais n'en dites rien. Cependant, agissez en fonction de ce que vous croyez vrai et juste.

Apprenez, vous aussi...

Dans un certain nombre de domaines, tels que l'usage de certaines fonctionnalités des ordinateurs, des téléphones portables, des caméscopes ou des consoles de jeux, les jeunes sont plus à l'aise que vous-même. Ils sont nés en même temps que ces appareils, et ils passent un temps considérable, excessif à votre avis, à les utiliser. «Ce sont mes enfants qui m'ont appris l'usage des SMS, dont je n'avais pas vu l'utilité, car pour moi, un téléphone sert à téléphoner, c'est à dire à parler ! Ce sont eux qui ont configuré ma messagerie instantanée, dont je me sers d'ailleurs fort peu, ayant rarement des choses très urgentes à communiquer, contrairement à eux !

Ce que j'ai appris n'est pas vital pour moi, mais ce qui est important, c'est que j'ai pu communiquer avec mes enfants, et surtout échanger avec eux, en valorisant leurs compétences. Ils écoutent davantage ce que je veux leur dire, parce que j'ai écouté attentivement ce qu'ils savaient et pouvaient me dire.»

Et finalement, vous pouvez arriver à un certain échange. En effet, vous disposez d'une qualité, assez rare chez les plus jeunes, la patience, d'autant plus que vous avez du temps libre. Eux, c'est « tout, tout de suite. » Donc, ils ne lisent pas les notices d'utilisation des appareils qu'on leur offre, notices d'ailleurs succinctes au prétexte que l'utilisation de l'appareil est « intuitive », ce qui n'est vrai que pour les fonctionnalités les plus simples. Beaucoup sont vendus sans les logiciels d'installation de la liaison avec l'ordinateur. Il faut aller les chercher sur Internet, les télécharger, les installer, se rendre sur des sites de discussion pour comprendre les manœuvres à effectuer, etc. Cela suppose bien des essais et erreurs, et donc cette fameuse patience. En définitive, bien que meilleurs connaisseurs que moi, c'est cependant à moi que certains de mes enfants font appel lorsqu'ils sont bloqués, bien qu'ils trouvent mes délais de livraison quelque peu abusifs !

Que ne pas transmettre ?

Beaucoup de documents perdent tout intérêt avec le temps. « J'ai une collection d'une centaine de numéros du Canard enchaîné des années 1930. C'est illisible. A peu près tous les hommes cités ont disparu de notre mémoire. Des ministres, il y en a eu des centaines ! Et l'humour, lui-même a vieilli, et mal. Cela ne peut plus intéresser que des historiens professionnels, et encore. Je ne les jette pas, mais je sais qu'ils disparaîtront à mon décès et je ne fais rien pour les préserver. »

Mais les confidences reçues à ce sujet, concernent essentiellement des livres.

« J'ai oublié l'auteur, mais je me souviens de la phrase : " Ils brûlent les bibliothèques des vaincus et prétendent que ces derniers n'ont jamais rien écrit." Pour moi, un livre, quel qu'il soit, est un peu un objet sacré. J'avais été très choqué, il y a longtemps, de voir la police brûler des livres pour nettoyer un trottoir proche d'un marché aux Puces. Donc, les livres, je les entasse. Je ne me sens pas " l'autorité " pour les jeter. Et puis je ne voudrai pas me comporter comme ces missionnaires, qui au prétexte de remplacer des fétiches par le seul vrai Dieu, détruisirent des milliers d'œuvres d'art.»

« Lorsque j'ai pris ma retraite, j'ai mis dans des caisses, puis à la cave des livres et des revues qui avaient accompagné ma vie professionnelle. Puis j'ai déménagé et la question s'est posée du devenir de ces livres. Pour certains ouvrages techniques ou scientifiques, la question fut vite résolue, car ils vieillissent vite et sauf à vouloir écrire l'histoire de la science, ils ne présentent plus aucun intérêt. Le brocanteur du coin n'en voyait pas non plus la vente et ils partirent à la poubelle. Restaient certains ouvrages de sciences humaines. Un était devenu une rareté que je conservais sans trop m'interroger sur sa valeur intrinsèque. J'en feuilletai d'autres qui me tombèrent des mains. Prétentieux et vides, pour la plupart. Pontifiants, dans l'ensemble. Je jetai le tout, ne voulant pas transmettre les sottises dont on m'avait abreuvé, ma vie durant. J'eus une fois de plus le sentiment de m'être fait duper. »

« La question de détruire des documents s'est posée à moi à propos de *Mein Kampf,* dont j'avais trouvé une traduction française d'époque dans une caisse de livres achetée chez un bouquiniste. L'ouvrage est très faible comme chacun sait et tout à fait ennuyeux. Il est quelque part dans mon grenier. Dois-je l'y laisser à charge pour d'autres de prendre une décision ? Dois-je le détruire, ma curiosité satisfaite ? Il est probable que j'hésiterai jusqu'à ce qu'il soit trop tard ! »

« Vous connaissez ces bibliothèques de château où des reliures de prix habillent les œuvres d'auteurs définitivement médiocres ou la somme théologique du Révérend Père X***, en latin d'église et en quinze tomes. *Pulvis es !* Le temps fait son œuvre, inutile de le faire à sa place. »

A vous de décider !

Prévoir la conclusion

«Au loin dans l'avenir, un vieillard, une chambre
Qui ne s'ouvre plus guère. Un jour - Quelle heure est-il ?
Toujours la même - Un jour tout usé de novembre.
Le temps n'a rien à faire et dévide son fil. »
Marie Noël, *Chants d'arrière-saison*.

Se prémunir contre la vulnérabilité

« Qui devient vieux, le loup le mange. »
Proverbe français.

« J'ai pris conscience de ma vulnérabilité de façon un peu curieuse. J'étais dans une grande surface, que de nos jours, certains enfants prennent comme terrain de jeu, courant, faisant tomber les boîtes de conserve, sans que les parents interviennent le moins du monde. Un enfant de quatre ou cinq ans, vint vers moi en courant, me donna un coup de poing et partit se réfugier dans les jupes de sa mère, qui me fit un vague sourire, non point d'excuse, mais plutôt de justification du comportement de son fils, admirant, je pense, sa vitalité et sa virilité, et dont les principes éducatifs devaient être du côté : Laissez faire, laissez passer. L'habillement de la femme signait une origine étrangère, encore peu acclimatée aux habitudes françaises. J'aurais pu penser qu'il s'agissait simplement d'un enfant mal élevé. Mais je pensais aussi que tout cela n'était pas du au hasard et que j'avais été frappé en tant que vieux. »

La vulnérabilité peut donc être liée à l'extérieur, agression, vol à l'arraché, etc. Mais elle peut être liée aussi à votre seule fragilité physique : chutes, etc.. Elle peut même l'être à votre milieu familial, auquel cas, elle sera surtout psychologique et / ou financière.

Ce n'est pas sans raison que c'est aux vieilles dames que les voyous, même jeunes, arrachent leur sac, car elles ne peuvent pas se défendre. Vieillir, c'est donc devenir vulnérable. Il ne faut évidemment pas s'affoler, ni devenir franchement paranoïaque. Mais la paranoïa serait la pire de choses, si elle n'était bien souvent justifiée. D'ailleurs, un milliardaire américain, dont l'immense fortune, acquise uniquement par un travail acharné et une honnêteté toute calviniste, est gage d'expérience, assure que seuls les paranoïaques survivent. Il faut donc être réaliste.

Inutile de fréquenter des lieux dont la mauvaise réputation n'est sûrement pas usurpée. Inutile de transporter des sommes importantes, d'afficher le code de votre carte bleue sur votre chéquier et de mettre le tout dans le même portefeuille. N'oubliez pas que pour faire des achats sur Internet, il n'est pas nécessaire de donner un code secret. Les numéros inscrits en clair sont tout à fait suffisants. Il n'est que de les copier, sans même voler la carte. En cas d'hospitalisation, ne confiez votre portefeuille qu'à des personnes de toute confiance, aussi prudentes que vous.

Il faut donc prendre des précautions, qui auront l'avantage de prévenir d'éventuels ennuis, mais surtout de vous laisser l'esprit libre. Il faut lister les lieux et voir pour chacun les précautions qu'il serait sage de prendre. Remplacer le vieux verrou de la porte d'entrée trop facile à crocheter. Mettre dans sa voiture la bombe qui peut regonfler les pneus. Éventuellement rouler vitres fermées et portières verrouillées dans certains quartiers. Ne pas retirer d'argent à des distributeurs la nuit ou dans des endroits peu fréquentés, etc.

Voici, par exemple, ce que recommande la Police cantonale de Genève sur son site Internet

« Les vols de porte-monnaie ou de sacs à main dans les centres d'achats sont la conséquence de l'imprudence ou de l'oubli. Lorsqu'on emporte sur soi d'importantes sommes, il faut adapter son comportement et soigneusement évaluer les risques. Sinon cela peut coûter cher.

Les vols à la tire se commettent très souvent dans les véhicules des transports publics, notamment en entrant ou en sortant des voitures. Les voleurs n'opèrent que rarement seuls. Ils accostent brièvement la victime et détournent habilement son attention.

Les vols à l'astuce commis au domicile de personnes âgées ou vivant seules sont très fréquents. Le meilleur moyen pour éviter ce genre de délits est de ne pas ouvrir la porte à des inconnus. Ne signez aucun contrat sans en avoir étudié les clauses qu'il comporte.

Une saine méfiance envers les personnes qui se présentent à la porte ne peut être que recommandée. Le plus sûr est de ne pas ouvrir sans connaître leurs intentions. Prenez le temps de les vérifier. Pour une personne seule, le verrou entrebâilleur est le dispositif le plus sûr.

Lors d'un voyage, il est prudent de surveiller son argent et ses documents de voyage. L'insouciance et l'imprudence sont de mauvais compagnons de route. Ne confiez pas les bagages à des inconnus. Ne les perdez jamais de vue. »

La liste est donc longue mais doit être adaptée à chaque cas. C'est alors à vous de la recenser et d'en tirer les conséquences. Et surtout, ne remettez pas à demain ce que vous pouvez faire aujourd'hui. Demain, vous risquez d'être encore plus fatigué, et les choses n'en seront que plus compliquées. Enfin, n'oubliez pas que les escrocs en tous genres sont des professionnels, très entraînés, et connaissant bien les faiblesses de la nature humaine, même s'ils ne sont pas encore adultes. Leur invention, leur créativité, sont bien au-delà de ce que vous imaginez. De plus, certains individus trouvent un plaisir pervers à maltraiter de plus faibles qu'eux.

Il faut également prévoir les situations de détresse inopinée qu'elles soient liées à un accident domestique tel qu'une chute ou à l'irruption très brutale de la maladie. Un membre cassé ou simplement fêlé, le bord de l'évanouissement, une douleur insupportable peuvent vous empêcher de faire les quelques mètres vous séparant du téléphone. Certaines douleurs immobilisent, littéralement. Si vous vivez seul, prévoyez un moyen de contacter l'extérieur qui ne quittera pas votre poche et qui restera proche dans la salle de bains. C'est un peu agaçant en temps ordinaire, mais fort utile quand les choses se gâtent et elles peuvent se gâter en quelques secondes avec l'imprévisibilité, la soudaineté et la violence d'un accident de voiture. Certains organismes privés, certaines mairies, ont mis en place des systèmes pour venir en aide aux personnes vulnérables. A vous de voir si vous devez faire en sorte de les activer et de pouvoir les utiliser un jour ou l'autre. Il y a à ce sujet un fort bon vieux proverbe : *deux sûretés valent mieux qu'une.*

La lutte contre la vulnérabilité est matérielle et morale. Faire poser un verrou ou une alarme relève du premier point. Pour le second, nous prendrons un exemple. Beaucoup d'escrocs spéculent sur ce vieux fond de politesse française, qui nous oblige en quelques sorte à ne pas dire certaines choses ou à ne pas en faire d'autres. « On joue la confiance !» vous dira-t-on pour ne pas signer de contrat ou de reconnaissance de dette. Et vous n'oserez pas refuser, par peur d'impolitesse. Et vous vous interdirez un geste de défense un peu vif, parce que vos agresseurs ont moins de dix ans ou sont de petites jeunes filles, mais eux ne reculeront devant rien pour vous dérober portefeuille ou téléphone.

Ce qui est délicat, c'est d'être capable d'être désagréable dans certaines circonstances et seulement dans celles-là. Il y faut presque un entraînement !

N'oubliez pas qu'en face, les gens sont, eux, formés spécialement. On apprend ainsi à certains vendeurs ou chargés de clientèle à parler à voix très basse, particulièrement face à des gens âgés, à l'oreille dure, qui finissent par avoir honte de faire répéter, puis acquiescent en n'ayant compris que la moitié des termes du contrat, et finissent par signer n'importe quoi.

Le grandes surfaces commerciales, elles, mettent à portée de main les produits qui leur permettent un fort bénéfice, et au ras du sol, les produits les moins coûteux et à faible marge. Il faudrait s'agenouiller pour pouvoir lire le prix au kilo, écrit en lettres minuscules. A partir d'un certain âge, les vertèbres refusent !

Tout est donc organisé par les « honnêtes gens » pour vous gruger. Pensez à ce que peuvent faire les gens franchement malhonnêtes, et qui en sont fiers.

Reste la méchanceté pure, qui ne vise même pas un profit. J. Soubeyran, dans l'article cité ci-dessus décrit brièvement l'expérience de Stanley Milgram fameuse dans les années 1960, et remise au goût du jour par une récente émission de télévision. 100 Il en ressort que se croyant couverts par une autorité, des individus, apparemment normaux par ailleurs, peuvent se livrer à des actes très douloureux pour autrui, et qu'on peut qualifier de sadiques. Mais il semble bien qu'il n'y ait même pas besoin d'autorité comme déclencheur et ce qui peut se passer dans des mouroirs pour grabataires, auxquels l'auteur se réfère, peut avoir lieu ailleurs. Il faut donc être vigilant.

Enfin, sujet plus délicat, votre entourage même peut être plus ou moins agressif vis à vis de vous. Les médias ont découvert récemment les violences en milieu familial, qui sont pourtant vieilles comme le monde. On a beaucoup parlé des violences faites aux femmes par leur mari. Il est vrai qu'une femme sur dix serait battue en France à l'heure actuelle, ce qui est ahurissant.

Nettement moins de celles faites aux hommes par leurs femmes, car les hommes en parlent encore moins que les femmes. Mais parfois, un romancier... « Clamort pouvait tempêter dans son lit, s'empourprer jusqu'au coup de sang. Elle le narguait, lui marchandait la nourriture, lui refusait le marc ou la pipe. Et pour l'enrager davantage, elle s'empiffrait et buvait devant lui en lui disant : "A ta santé" » 101 Le souffre-douleur est un bûcheron, victime d'un accident du travail, en partie paralysé et grabataire.

Fort peu des violences entre femmes. Et pourtant, « Les femmes ne sont pas épargnées et savent se montrer redoutablement à la hauteur comme on le voit, par exemple, dans les maltraitances à l'intérieur des couples lesbiens. » 102 Encore moins de celles faites aux ascendants, comme si le monde moderne avait oublié certaines attitudes d'autrefois. Pourtant le schéma d'enfants qui hurlent pour avoir des vêtements de marque, font une pression violente sur leurs parents ou même les frappent, qui retournent eux-mêmes cette violence vis à vis de leurs propres parents, ne se retrouve pas que dans des contrées exotiques minées par des brutalités quotidiennes qui vont d'une corruption effrénée à la guerre ouverte. Ou alors, pour une part, la France est devenue exotique.

Voici ce que décrit quelqu'un qui se présente comme psychologue :

« Le harcèlement d'abord.

La dévalorisation, les humiliations, les insultes.

Le vol d'argent.

Puis les menaces.

Chantage au coup de fil à SOS Je ne sais quoi.

Chantage à la plainte pour agression sexuelle.

Chantage à la plainte pour maltraitance.

Tout ça pour une paire de baskets.

Les parents s'endettent. Bouffent des pâtes à tous les repas - lorsqu'ils ne sont pas privés de nourriture - pendant que leur gosse frime avec le portable dernier cri, le forfait de 10 heures, le câble dans la chambre, le scooter relooké par une marque, de l'argent pour les clopes ....

Puis la limite est atteinte. Les crédits on peut pas en payer 50. Alors vient les menaces de se faire jeter dehors par son propre enfant.

Mais cela ne donne pas d'argent.

Alors vient la violence physique.

Les coups, les morsures, les gifles, les chutes provoquées, le tabassage.

Les séquestrations. Les tortures.

Le mère laissée sur le carreau dans la cuisine et le père affolé en pleurs dans un coin.

Parricide et matricide en sont l'expression extrême. Surtout si les parents sont âgés. » 103

La violence familiale, comme toute violence, peut revêtir toutes les formes possibles et imaginables. Elle peut être physique : gifles, coups de poing ou de pied, lancers d'objets divers. Psychologique : propos méprisants, harcèlement. Sociale : isolement, interdiction de visites d'amis et même de parents. Verbale : insultes, menaces. Sexuelle : sexualité forcée, pratiques sexuelles « contre nature ». Économique : privation de moyens ou biens essentiels ou contrôle systématique et abusif des dépenses. Utilisation subreptice de moyens de paiement, car les cartes de crédit sur Internet n'ont besoin ni de signatures ni de codes secrets. Et même administrative : rétention de documents ou de courriers.

On peut y ajouter diverses formes de chantage, par exemple le chantage affectif du retrait d'amour, tel que la menace de divorce. Ou des chantages visant à vous faire payer au delà du raisonnable, c'est à dire de vos capacités réelles, menaçant ainsi votre mode de vie.

C'est ni plus ni moins de la maltraitance financière. Elle n'est pas rare. « On estime ainsi que dans les années à venir une personne de plus de 65 ans sur 5 ou 6 en sera victime, les femmes et les personnes en perte d'autonomie en priorité. Aux États Unis on évalue à plus de 5 millions le nombre de victimes. » 104

Quant à ces difficultés, elles peuvent provenir de n'importe quelle source. « Qui sont les bourreaux? Dans la moitié des cas, les enfants de la victime. Pour 16,7% des maltraités, le conjoint et, pour 7,1% d''entre eux, leur gendre ou leur belle-fille. Enfin, dans 14,3% des cas, il s'agit d''un ami ou d''un voisin. » 105

Le tableau paraîtra sombre. Rien n'est inventé, hélas ! mais tout ne vous concerne pas, évidemment.

Les relations avec la police

Longtemps, vous avez appliqué ce sage principe de changer de trottoir lorsque vous aperceviez un uniforme, surtout lorsque cet uniforme était réduit à un simple brassard. Vous limitiez vos visites au commissariat pour porter les plaintes que votre assureur vous obligeait à déposer. Et lorsque vous voyiez un brave homme taper avec un doigt sur le clavier d'un vieil ordinateur, vous ne vous faisiez guère d'illusions sur les suites qui seraient données à votre plainte. Mais votre vulnérabilité relative change un peu la donne. Et vous aurez de plus en plus besoin, à l'occasion, du SAMU, des pompiers... et de la police.

En France, les relations avec la police sont un peu complexes. Les policiers font un métier difficile et même délicat, car la nuit par exemple, en cas de problèmes, il n'y a plus qu'eux et les urgences des hôpitaux pour assurer une présence. Ce qui les amène à s'occuper de situations, telles celles des femmes battues, qui ne relèvent pas vraiment du maintien de l'ordre. Et ils sont peu formés, pas très bien payés et pas suffisamment encadrés. Mais c'est un univers que l'on connaît mal et les rares sociologues travaillant sur ce sujet se plaignent abondamment des la rareté des études. 106 La relation de la police avec le public n'est pas des meilleures, non plus, et lorsqu'is quittent leur travail, ils quittent aussi leur uniforme pour ne pas être reconnus, ce qui est tout de même étonnant.

Évitez soigneusement la police de la route, et pour cela,

soyez parfaitement en règle, ceinture attachée, etc. Respectez méticuleusement les limitations de vitesse, autrement dit roulez nettement en dessous, quitte à créer un bouchon derrière vous. Car le retrait de permis, par exemple pour quelqu'un vivant seul, poserait des problèmes insolubles.

Et ne comptez pas sur la police, même municipale, pour régler des problèmes qui peuvent vous empoisonner la vie, mais qui, pour elle, sont mineurs et que d'ailleurs elle ne sait pas et ne peut pas régler. Les « incivilités » en sont un bon exemple.

Prévoir la perte d'autonomie

Elle peut être brutale, suite à un accident ou une maladie et il est alors difficile d'imaginer son importance et donc de la préparer. Le plus souvent, elle provient lentement, insidieusement, mais elle est alors en partie prévisible. Un jour, on ne pourra plus porter des bouteilles de butane ou monter au 4° étage sans ascenseur. On ne pourra plus rentrer pour l'hiver les lourdes jarres ornées de plantes tropicales et les ressortir au printemps. Peut-être faut-il dès maintenant les remplacer par des plantes plus robustes supportant le gel, mais aussi la sécheresse.

Un certain nombre de choix, le type d'appartement et son emplacement, le mode de chauffage, les appareils ménagers, l'installation de la salle de bains, doivent être faits pour leur commodité actuelle mais aussi leur commodité future. Pensez aussi aux commerces de proximité, car être obligé de prendre sa voiture pour aller chercher du pain n'est pas la meilleure des solutions. Il est évidemment plus facile de déménager à 60 ans qu'à 75, pour des raisons physiques mais aussi psychologiques.

Plus le temps passe et plus le changement est difficile à vivre. Il est anxiogène avant, perturbant pendant et difficile à gérer après. Ne vous laissez pas surprendre !

Prévoir sa disparition

Les dispositions testamentaires

« Le malheur des uns fait le bonheur des autres. »

Proverbe français

La plupart des gens meurent intestat, c'est à dire sans prendre de dispositions testamentaires particulières, soit qu'ils aient été surpris par l'immédiateté d'un événement qui leur paraissait encore lointain, soit que la faiblesse de leur patrimoine ne demande pas de dispositions singulières, soit qu'ils s'en remettent à la loi, soit aussi qu'ils reculent jusqu'à ce qu'il soit trop tard, devant des choix difficiles et probablement irréversibles.

On peut partir d'un premier principe. On peut insulter un cadavre et l'on en a des exemples historiques mais de toutes façons, celui-ci s'en moque, car il n'en sait rien. Autrement dit, vous n'assisterez pas à l'ouverture de votre testament et les joies et les chagrins, discrets ou violents, ne se manifesteront pas devant vous.

Un second principe peut être évoqué : il y aura toujours des mécontents, si ce n'est au sein des membres de la famille de votre sang, du moins parmi les alliés, beaux-fils, belles-filles et leurs propres familles. Les grincements de dents à l'ouverture des testaments sont un classique de la littérature romanesque, à juste titre probablement. La jalousie, l'envie, sont des sentiments extrêmement répandus même chez des gens charmants par ailleurs, parfois à l'état de traces, parfois plus vifs. Bien des jalousies remontent à l'enfance, sont profondément enfouies, mais ne demandent qu'à se réveiller. Que votre testament ne les réveille pas trop, à moins que vous n'ayez mûrement réfléchi aux conséquences. Car selon le proverbe, *le testament est le seul moyen qu'ont les morts de se venger des vivants.*

Les autres dispositions

Elles concernent en premier lieu vos funérailles. Cela simplifiera certainement la vie de vos proches si vous prenez vous-même les dispositions propres à vos obsèques, surtout si vous en réglez le montant. Les derniers moments de la vie peuvent être coûteux et vos proches connaître des difficultés financières, fut-ce passagères. Inutile d'en rajouter.

Pensez aussi à vos comptes bancaires. Si ce ne sont pas des comptes joints, ils peuvent être bloqués par votre banque. Les administrations ou les entreprises se moqueront éperdument du chagrin de vos proches et des perturbations liées à votre disparition. Elles appliqueront « le règlement » qui est fait pour faciliter la vie de l'administration et non celle du citoyen ordinaire.

La mise en ordre de vos archives

Elle consiste d'abord en une destruction de ce que vous ne voulez pas que votre décès révèle. N'oubliez pas que la morale commune change. Ce qui était toléré après mai 68 ne l'est plus de nos jours. Quelques personnages ont été ainsi bien surpris que scandalisent au XXI° siècle, des écrits ou des actes commis au XX° et dans lesquels personne, à l'époque, ne voyait de quoi fouetter un chat. La « diversité culturelle » dont s'est teintée la société française l'a aussi enrichie d'une valeur, l'intolérance. Ajoutons-y ce désir de châtiment qui encombre les tribunaux, et qui, selon certains psychologues, prêchant pour leur paroisse, serait nécessaire pour que les victimes puissent entamer leur « travail de deuil », qui n'est souvent que le plaisir de la vengeance.

Et détruisez aussi des choses intimes que vous ne voulez pas voir aux mains d'inconnus ou au moins d'indifférents, par exemple des lettres.

Et protégez certains documents sur votre ordinateur par

quelques mots de passe sérieux. Cela ne bloquera évidemment pas la police scientifique, mais découragera sans doute les simples curieux.

La mise en ordre consiste, en revanche, pour les documents que vous voulez transmettre, dans un rangement et une valorisation. On jettera plus facilement une boîte à chaussures emplie de photos sans dates et sans identification, qu'un album documenté. On jettera de vieux journaux, mais on sauvegardera peut-être une collection de journaux classés dans un carton à dessin.

Bien des objets, qui n'ont pas en soi une très grande valeur, n'acquièrent un peu de cette valeur que par leur rareté ou leur ancienneté. Ils peuvent ne pas intéresser vos enfants, mais peut-être séduire ou amuser des générations ultérieures. Encore faut-il qu'ils leur parviennent. Quiconque a fréquenté des brocantes a entendu cette remarque d'acheteuse : il y avait çà chez ma grand-mère. La plupart des enfants n'aiment guère le mobilier ou les objets décoratifs de leurs parents, qui leur paraissent vieillots, démodés ou d'un effroyable mauvais goût. Mais souvent un changement d'appréciation s'effectue lors de la génération suivante.

La disparition volontaire

« Pourquoi pleures-tu donc d'être mort à ton âge ? Pourquoi te fâches-tu, bonhomme, de venir ici, étant si vieux ? Est-ce que tu étais roi ?

LE MENDIANT. Non.

DIOGÈNE. Satrape ?

LE MENDIANT. Pas davantage.

DIOGÈNE. Riche alors ; et tu te désoles d'avoir perdu en mourant tout ton bien-être ?

LE MENDIANT. Ce n'est point encore cela. J'avais, en mourant, près de quatre-vingt-dix ans. Je vivais misérable, de ma canne à pêche et de ma ligne ; j'étais plus pauvre qu'on ne peut dire, sans enfants, boiteux et presque aveugle...

DIOGÈNE. Et, dans cet état, tu voulais vivre ?

LE MENDIANT. Oui, C'est une douce chose que la lumière, une chose terrible et odieuse que la mort. »

LUCIEN, *Dialogue des morts*, 27.

Souhaiter mourir est une chose, passer à l'acte est une tout autre chose, comme La Fontaine l'avait bien remarqué :

> « Il appelle la mort, elle vient sans tarder,
> Lui demande ce qu'il faut faire
> C'est, dit-il, afin de m'aider
> A recharger ce bois ; tu ne tarderas guère.
> Le trépas vient tout guérir ;
> Mais ne bougeons d'où nous sommes.
> Plutôt souffrir que mourir,
> C'est la devise des hommes. » 107

La question de la disparition volontaire ne se pose donc que si la vie est affectée d'un problème extrêmement grave. La Bible le dit clairement à propos de la mort en général, mais c'est tout aussi vrai en cas de fin intentionnelle. « O mort, que ton évocation est amère à l'homme qui vit tranquille au milieu de ses biens, à l'homme qui n'a pas de soucis, à qui tout réussit et encore assez vigoureux pour s'adonner au plaisir. O mort, ta sentence est bienvenue pour l'homme dans le besoin, dont les forces diminuent, dont l'extrême vieillesse est accablée de toutes sortes de soucis, qui se révolte et qui a perdu la patience. » 108

Les statistiques montrent que le taux de suicides réussis augmente fortement à partir d'un certain âge. « Dans la plupart des pays industrialisés, le taux de suicide augmente avec l'âge et c'est parmi les plus de 60 ans qu'il est le plus élevé, selon les statistiques mondiales. Ce taux atteint un pic chez les hommes de plus de 75 ans, pour lequel il est environ deux fois supérieur à la moyenne nationale en Allemagne comme en France, Suisse,

Belgique, et en Autriche. » 109

« Dépression, douleurs physiques incurables, isolement, peur de la déchéance physique ou morale, ras-le-bol d'une vie qui s'étire en longueur, voire décès de l'animal de compagnie, les causes qui poussent des personnes âgées à se suicider sont multiples, assure Christine Swientek, selon qui l'idée "plutôt mort qu'en maison de retraite" ne cesse de gagner du terrain. D'autres spécialistes mettent eux en avant la pression morale de la société sur le troisième âge, parfois considéré comme un fardeau. » 110

Philosophie, morale, etc.

Il s'est écrit de fort belles choses sur le suicide, par des gens... qui ne se sont pas suicidés. « Pendant des années, en fait pendant une vie, n'avoir pensé qu'aux derniers moments, pour constater, quand on en approche enfin, que cela aura été inutile, que la pensée de la mort aide à tout, sauf à mourir ! » 111

L'essentiel de cette littérature est stoïcienne ou d'inspiration stoïcienne. Dans cette pensée, « l'important, pour le sujet, c'est de faire ce qui dépend de lui avec tout l'engagement dont il est capable, mais de demeurer dégagé et libre à l'égard de tout ce dont le contrôle échappe à son pouvoir. En effet, le bonheur ne réside pas dans l'obtention du but poursuivi, mais dans le chemin que l'on parcourt pour l'atteindre, autrement dit dans la manière dont on s'y prend pour faire son devoir. » 112

Quelques Romains, surtout pour échapper aux condamnations impériales, qui pesaient aussi sur leur famille et leur héritage, se suicidèrent, sans avoir vraiment le choix.

Quelques philosophes aussi se sont suicidés. Mais de Pérégrinos, qui s'immola par le feu lors des Jeux olympiques de 165, Lucien de Samosate se moque cruellement, le taxant d'imposture, en l'occurrence la recherche morbide de la gloire. Mais après tout, on a retenu son nom !

La religion chrétienne, radicalement opposée au suicide a, à peu près, tari ces spéculations, qui n'ont repris que lorsque son influence a beaucoup baissé : « Abstraction faite des exigences qu'imposent la religion, il sera bien permis de se demander : pourquoi le fait d'attendre sa lente décrépitude jusqu'à la décomposition serait-il plus glorieux, pour un homme vieilli qui sent ses forces diminuer, que de se fixer lui-même un terme en pleine conscience ? Le suicide est dans ce cas un acte qui se présente tout naturellement et qui, étant une victoire de la raison, devrait en toute équité mériter le respect : et il le suscitait, en effet, en ces temps où les chefs de la philosophie grecque et les patriotes romains les plus braves mouraient d'habitude suicidés. Bien moins estimable est au contraire cette manie de se survivre jour après jour à l'aide de médecins anxieusement consultés et de régimes on ne peut plus pénibles, sans force pour se rapprocher vraiment du terme authentique de la vie. » 113 L'auteur ne s'est pas non plus suicidé.

Beaucoup de paroles, peu d'actes, fort heureusement.

La décision

> « Laissez-moi m'endormir du sommeil de la terre. »
> A. de Vigny, *Moïse*.

> « Vous qui entrez ici, laissez toute espérance. »
> Dante, *Divine Comédie, l'Enfer*.

Le mourir est un thème philosophique qui permet donc de belles phrases, mais où la rhétorique, là encore plus qu'ailleurs, cache mal l'inutilité du discours. Cela n'a jamais consolé ni conseillé quiconque. « Quand on est en lutte avec les décadences de l'âge et les tourments de l'au-delà, il faut pour se soutenir, autre chose que des pensées ingénieuses et des phrases arrondies. » 114

Il faut d'abord rappeler des évidences. La première est que la probabilité d'une vie éternelle après la mort est tout de même très faible. C'est affaire de foi, mais les années passant, le nombre de gens qui professent cette foi est de plus en plus restreint, du moins en Occident. Ceci différencie la vieillesse actuelle de celle des siècles précédents qui considéraient celle-ci comme le temps de préparation à l'au-delà et à la rencontre avec Dieu.

Cela a aussi donné lieu à de beaux sermons, qui ont beaucoup vieilli et mal vieilli.

La seconde, d'ailleurs liée à la précédente, est qu'on ne vit qu'une fois et que la mort est absolument irréversible : on compte en Occident un ressuscité et un seul, et il était Fils de Dieu ! La tentative de suicide ou le suicide effectif d'un individu jeune affectera son entourage. La plupart sont d'ailleurs utilisés à cette fin et ne sont pas des actes gratuits. Celle d'un individu âgé ou très âgé, risque de ne provoquer que du soulagement. « C'est mieux pour lui », dira-t-on, ce qui cache mal un « c'est mieux pour nous ».

« Il n'est pas besoin d'avoir fait beaucoup d'expérience des hommes pour connaître leur dureté. En vain, cherchent-ils à la mort, par de pathétiques discours à surprendre la compassion. Comme ils l'ont rarement connue, il est rare aussi qu'ils l'excitent, et leur mort ne touche personne. Elle est attendue, désirée, ou du moins bientôt oubliée de ceux qui leurs sont les plus proches. Tout ce qui les environne, ou les hait ou les méprise, ou les envie ou les craint. Tous semblent avoir à leur perte quelque intérêt détourné. Les indifférents mêmes osent y ressentir la barbare joie du spectacle. » 115

On peut d'ailleurs distinguer deux types de suicide, le préventif et le curatif. Le premier veut prévenir les graves inconvénients d'une vieillesse particulièrement difficile. On veut disparaître pour ne pas subir une déchéance physique, intellectuelle ou même affective, mais à venir. Dans le second, c'est essentiellement pour ne pas subir des douleurs actuelles qui peuvent être atroces malgré des progrès réels dans ce domaine, mais pas toujours bien diffusés dans les structures de soins.

Le problème clé, c'est qu'il est souvent trop tard pour agir lorsque le besoin s'en ferait sentir. La diminution des forces physiques, un psychisme peut-être perturbé, l'enfermement dans des structures de soins qui sont aussi des structures de surveillance, le manque de moyens, médicaments ou autres, rendent alors l'action personnelle impossible. Il faut s'en remettre à d'autres, évidemment réticents. Mais agir préventivement n'est pas non plus sans problèmes, car à quoi bon se suicider si tout va encore bien ou est du moins supportable. « Encore un instant, Monsieur le bourreau. »

Il serait ridicule, sinon odieux, de donner des conseils dans ce domaine, qui relève éminemment du choix personnel. On peut simplement espérer que la législation évolue ici, comme elle a évolué sur d'autres points, tels que l'avortement, et que les choix individuels puissent être respectés.

La vision des autres

Image de soi, regard des autres

« Passe-moi mon dentier, j'ai envie de te mordre. »
Légende d'un dessin humoristique des années 1900.

Si le regard porté sur les gens âgés par l'ensemble de la société est assez ambivalent, nous allons le voir, sinon parfois franchement négatif, celui que ceux-ci portent sur eux-mêmes, n'est pas non plus exempt d'ambiguïté. Et ceci tient en un mot. « Le dramatique de la vieillesse, ce n'est pas qu'on se fait vieux, c'est qu'on reste jeune. » 116

Introduisons par une « histoire drôle », trouvée sur Internet, mais que nos connaissances limitées dans ce domaine n'ont pas permis d'attribuer à un auteur.

« J'étais assise dans la salle d'attente pour mon premier rendez-vous avec un nouveau dentiste, quand j'ai remarqué que son diplôme était accroché sur le mur. Il y était inscrit son nom, Docteur Louis ***. Et je me suis soudain remémoré un grand brun portant ce nom. Il était dans ma classe de lycée quelque 40 ans auparavant, et, je me demandais si cela pouvait être le même garçon pour lequel j'avais craqué à l'époque?

Quand je suis entrée dans la salle de soins, j'ai immédiatement écarté cette pensée de mon esprit. Cet homme grisonnant, dégarni et le visage marqué de profondes rides était bien trop vieux pour avoir été mon amour secret.

Après qu'il eût examiné ma dent, je lui ai demandé s'il était allé au lycée de X.

"Oui", m'a-t-il répondu

"Quand avez-vous été diplômé ? ", ai-je demandé.

" En 1959. Pourquoi cette question ? "

" Eh bien ! Vous étiez dans ma classe ! ", Me suis-je exclamée.

Et alors cet affreux vieux petit crétin m'a répliqué :

" Vous étiez prof de quoi ?" »

L'image que l'on a de soi est presque intemporelle. Après tout, l'inconscient ne connaît pas le temps. Certes, l'on se regarde dans des glaces, fut-ce pour se raser ou se maquiller, et l'on sait pertinemment que l'on a vieilli, que cela se voit, que les autres le voient évidemment, mais en même temps, l'on est plus ou moins choqué par l'apparence physique de gens qui ont exactement notre âge. Surtout l'on se comporte comme si l'on avait toujours un âge moyen, disons la cinquantaine ou la soixantaine pour les hommes. Et parfois jusqu'au ridicule.

Une des représentations les plus crues et les plus cruelles de ce décalage est donnée dans le célèbre tableau de Goya, *Les Vieilles*. A l'arrière-plan, un personnage âgé, barbu, ailé, qui évoque Chronos, le Dieu du temps. Mais au lieu de la faux traditionnelle, il tient à la main un vulgaire balai. Aux yeux du peintre, les deux vieilles femmes du premier plan ne méritent pas plus, sans doute, qu'un coup de balai. L'une, la plus âgée, se regarde dans un miroir qu'on lui tend. Elle n'y voit sûrement pas ce que le temps a fait d'elle, mais bien plus probablement ce qu'elle fut, « jeune, traînant tous les cœurs après soi ». Cela est assurément pitoyable. Mais, parfois, ce que voit celui qui regarde le tableau, est radicalement différent, si différent que cela le mène jusqu'à la méchanceté comme le fait un savant commentateur : « Le miroir des *Vieilles* accélère radicalement le temps, à un point tel que ces deux femmes outrepassent le dernier âge de la vie pour confiner à l'outre-tombe ; leur condition de mortelles est signifiée par un masque cadavérique qui décompose leur visage à fleur d'os. Pourtant, l'activité de ces vieilles est paradoxale : bien que cadavérisées, elles se regardent auto-satisfaites dans le miroir. Un tel décalage procède, en fait, de la prééminence de la fonction narcissique : maquillées à outrance, vêtues de leur plus belle toilette de jeunesse, les deux coquettes accomplissent, à travers le miroir, un acte d'auto-érotisme morbide. » 117 C'est assurément le commentaire qui est le plus morbide.

Aucun de nous ne se pense réduit à son apparence physique, surtout lorsqu'elle n'est plus ce qu'elle a pu être. On se pense évidemment globalement, intelligence, œuvres, réussites, comprises. Fortune, éventuellement. Et c'est ainsi qu'on voudrait être vu. Le grand Corneille s'y essaie maladroitement dans un poème, qu'il commence par une erreur tactique en parlant de sa future vieillesse à une encore jeune et jolie femme, ce qui lui apparaîtra lointain et … injurieux :

« Marquise si mon visage
A quelques traits un peu vieux,
Souvenez-vous qu'à mon âge
Vous ne vaudrez guère mieux. »

Il continue en lui offrant l'immortalité littéraire :

« Cependant j'ai quelques charmes
Qui sont assez éclatants
Pour n'avoir pas trop d'alarmes
De ces ravages du temps.

Vous en avez qu'on adore;
Mais ceux que vous méprisez
Pourraient bien durer encore
Quand ceux-là seront usés.

Ils pourront sauver la gloire
Des yeux qui me semblent doux,
Et dans mille ans faire croire
Ce qu'il me plaira de vous.

Chez cette race nouvelle,
Où j'aurai quelque crédit,
Vous ne passerez pour belle

Qu'autant que je l'aurai dit. » 118

Il y a deux interprétations possibles à ce poème. Soit il s'agit d'un essai de séduction, mais Corneille, qu'on a connu mieux inspiré, commet une erreur classique et tragique, car il offre ce qu'il possède et non ce que l'autre désire. C'est aller droit à l'échec. L'autre interprétation est celle de la vengeance d'un amoureux éconduit, ce qui expliquerait la violence du début.

On connaît la réponse à cette proposition, imaginée par Tristan Bernard, et reprise par Brassens dans la chanson intitulée « Marquise » : « J'ai vingt-six ans, mon vieux Corneille et je t'emmerde, en attendant. »

Face à cette image de soi, la vision des autres, sans avoir la brutalité qu'elle a pu avoir historiquement, reste cependant, de nos jours, assez peu agréable à découvrir. La vision des enfants, par exemple, qui ont tendance à dire ce qu'ils pensent sans trop de circonlocutions diplomatiques, est une vision réaliste, pas toujours très plaisante. « Cet âge est sans pitié », a-t-on dit fort justement. Un auteur, a repris une idée aussi classique qu'excellente de faire dessiner des enfants sur des « vieux ». Voici ce que révèlent ces dessins d'enfants, qui ont donc l'avantage d'être encore moins filtrés que le langage par la « civilité puérile et honnête », si elle existe encore de nos jours.

« La mise en scène du corps est moins séductrice et moins affirmative, voire provocatrice, de son identité sexuée chez les plus vieilles personnes.

« Si les cheveux diminuent avec l'âge, les coiffures changent aussi. À la jeunesse féminine, les cheveux longs et libres. Aux personnes très âgées, la calvitie (masculine), les cheveux courts ou le chignon pour les femmes.

« La bouche, féminine surtout, de séductrice (avec rouge à lèvre) devient plus amère ou triste.

« La barbe a tendance à augmenter avec l'âge.

« Les seins, objets de désir [...] ne sont pas totalement

absents chez les très vieilles femmes, mais la plupart du temps quand ils sont dessinés, ils sont moins volumineux, voire ils sont affaissés.

« Les couleurs utilisées sont moins éclatantes au fur et à mesure que les personnages vieillissent. Jusqu'à perdre leur aura dans certains dessins.

« De manière très significative le soleil est moins présent dans le décor des personnes vieillissantes et très âgées, mais il peut l'être.

« Les vêtements sont moins "sexy", ils portent moins de "cœur", mais un nombre non négligeable de ces vêtements, féminins surtout, restent sexués : robes ou jupes avec des fleurs. Les mises en situation et commentaires écrits spontanément par les dessinateurs valorisent la jeunesse comme temps de la rencontre de l'autre, de la séduction ou de la tentative de séduction, [...] et présentent la vieillesse comme le temps des plaintes, des handicaps, voire de l'intolérance (rare), de la solitude. » 119

Ce n'est pas très gai, mais autant le savoir.

L'ambiguïté de votre statut social

« [Le vieillard] est le Sage vénérable qui domine de
très haut ce monde terrestre. Il est un vieux fou qui
radote et extravague. Qu'on le situe au-dessus ou en
dessous de notre espèce, en tout cas on l'en exile. »
Simone de Beauvoir, *La Vieillesse*.

Vous vivez dans un univers social qui vous impose un
certain nombre de ses décisions : âge de la retraite
professionnelle, mode de calcul de cette retraite, impôts divers,
montant des remboursements de la Sécurité sociale, etc. La
liste serait sans fin. Mais à côté de ces contraintes quasi
physiques, cet univers modèle les sentiments et les actes des
autres acteurs sociaux vis à vis de vous. De même que
beaucoup de jeunes peinent à trouver un travail intéressant et
rémunérateur, quels que soient leurs qualités, leurs diplômes ou
leurs compétences, de même quels que soient votre volonté et
les efforts que vous déployez, vous êtes contraint par des
limites que le système social vous impose. Et aussi par l'idée
qu'il se fait de vous et donc l'image qu'il vous renvoie à vous et
aux autres. Et finalement par la place qu'il vous octroie ou celle
où il vous cantonne. Votre espace de liberté, ce que vous
pouvez faire personnellement, ce que nous avons vu
précédemment, est donc affecté par le système social dans
lequel vous vivez.

Dans les sociétés européennes, l'image de la vieillesse est
ambiguë, nous allons le voir. Dans les sociétés traditionnelles,
elle le serait moins aux dires des voyageurs ou des ethnologues.
Mais le mythe du « bon sauvage » a la vie dure et l'on peut
compter sur les doigts d'une main, les spécialistes qui ont vécu
leur vie entière dans les sociétés qu'ils décrivent ou qui y ont
pris femme et y ont fait souche. Leurs connaissances restent,

malgré quelques exceptions, assez superficielles, se limitant souvent aux mécanismes sociaux officiels, sans savoir grand-chose des sentiments réels qui animent les individus. On peut donc être légitimement quelque peu sceptique à ce propos.

Le monde européen

La vieillesse et les vieillards, hommes ou femmes, ont toujours eu et ont encore un statut ambigu qui va du respect et de l'amour au mépris et au meurtre, mais avec un peu plus de respect pour les hommes et de mépris pour les femmes.

Les livres sacrés

Dans ces ouvrages, respect et amour sont plutôt liés à la relation filiale qu'à une relation générale avec les gens âgés.

La Bible : « Un fils sage réjouit son père, mais un sot méprise sa mère. » 120 ou « Tel un blasphémateur, celui qui délaisse son père; un maudit du Seigneur, celui qui fait de la peine à sa mère. » 121

L'église catholique, dans son quatrième commandement, prescrit également : « Tu honoreras ton père et ta mère. »

Le Coran à son tour : « ... et ton Seigneur a décrété : "n'adorez que Lui; et (marquez) de la bonté envers les père et mère : si l'un d'eux ou tous deux doivent atteindre la vieillesse auprès de toi ; alors ne leur dis point : "Fi ! " et ne les brusque pas, mais adresse-leur des paroles respectueuses, et par miséricorde abaisse pour eux l'aile de l'humilité; et dis : "Ô mon Seigneur, fais-leur à tous deux, miséricorde comme ils m'ont élevé tout petit". » 122

On est heureux de voir que les trois monothéismes occidentaux sont d'accord pour prescrire que les enfants doivent respecter leurs parents. Mais s'ils le prescrivent, c'est peut-être parce que cela ne va pas de soi ! Car ils ne prescrivent pas aux parents d'aimer leurs enfants. Quant à la vieillesse en tant que telle, ils n'en disent pas grand-chose. Certes il y a des vieillards, dans la Bible entre autres, et le respect leur est dû : « Lève-toi devant une tête blanche et honore la personne du vieillard.» 123, mais il n'y a pas de réflexion sur la vieillesse proprement dite. Et dans le cas des Évangiles, encore moins, les gens âgés étant remarquablement absents de ces derniers textes ou n'apparaissant que comme des silhouettes. Et par la suite, « le Christ n'ayant pas connu la vieillesse, les théologiens ne se préoccupent que rarement de la vieillesse. » 124 De fait, par exemple, Saint Thomas n'aborde le sujet qu'épisodiquement et presque accidentellement.

Le monde antique

De façon générale, si l'on quitte les textes sacrés, le regard sur la vieillesse est toujours très ambivalent et peut être illustré par deux exemples célèbres.

Dans le premier cas citons Énée fuyant Troie en portant son père Anchise sur ses épaules, sujet qui a nourri la peinture et la sculpture occidentales. Dans le second, Œdipe tuant son père Laïos, thème qui au XX° siècle a eu le destin envahissant que l'on sait.

Pour le monde antique, certains auteurs pensent que la figure traditionnelle de l'homme âgé est généralement positive : « Pendant longtemps, la figure de la personne âgée était associée aux notions de savoir et de sagesse et par conséquent, de pouvoir. Que ce soit dans l'antiquité grecque, romaine ou hébraïque, les individus âgés bénéficiaient d'un statut élevé, marqué par des privilèges. Leur grand âge leur permettait d'être associés aux grandes figures mythiques. Forts de leurs expériences passées, ils détiennent un certain savoir, une science qui peut être mise à profit par le reste de la société. Cette position leur confère un pouvoir particulier dont ne peuvent se prévaloir les catégories d'âges plus jeunes. On peut retrouver plusieurs allégories de cette sagesse quasi-mythique. Par exemple, celle des "Sept Sages" de la Grèce antique qui étaient réputés posséder à eux seuls tout le savoir. Les grands sages étaient souvent représentés avec la barbe blanche, symbole de sagesse et de vieillesse. » 125

Pour d'autres auteurs, l'image antique de l'homme âgé est beaucoup moins positive. A propos d'ailleurs de cette barbe, J. Swift note : « Les vieillards et les comètes ont été vénérés pour la même raison : leurs longues barbes et leurs prétentions à prédire les événements. » 126

Chez les Grecs : « Les poètes et tragédiens qui ont nourri l'imaginaire de la pensée occidentale, n'ont manifestement pas témoigné de beaucoup d'amour pour la vieillesse. A côté de la figure du vieux sage, il y a les figures pitoyables de vieillards décrépis et souffrants, et celles-ci estompent celles-là. » 127 D'ailleurs, dans la boite de Pandore qui contenait tous les maux de l'humanité, il y avait non seulement la Maladie, la Guerre, la Famine, la Misère, la Folie, le Vice, la Tromperie, la Passion, l'Espérance, mais aussi la Vieillesse.

Chez les Latins, les mots *senex* (vieillard) et *senatus* (sénat) ont la même origine. Et le sénat, c'est l'assemblée de ceux qui ont de l'expérience, des sages. Ils sont respectés ... et massacrés à l'occasion : « Cette misérable ville était un vrai théâtre d'horreur, où les sénateurs, les chevaliers, et les premiers hommes de la république, étaient massacrés au moindre dépit du plus puissant. » 128

Et c'est la littérature latine qui offre un des tableaux les plus crus des malheurs de la vieillesse. Rien n'y manque. « Or quelle suite d'affreux maux accablent une longue vieillesse ! Tout d'abord un visage déformé, laid et méconnaissable ; une vilaine peau au lieu de chair, des joues pendantes, des rides autour de la bouche comme sur la face d'une vieille guenon [...]. Les jeunes gens diffèrent entre eux de cent façons ; [...]. Mais tous les vieillards n'ont qu'un aspect : voix chevrotante, membres tremblants, crâne poli, nez humide comme aux nouveau-nés, pauvres gencives désarmées pour broyer le pain

[...]. Ni vin ni mets ne donnent plus de joies à son palais sans vie. L'amour se perd pour lui dans la nuit des temps [...] Suspect est le vieillard qui n'ayant plus de forces, poursuit encore le plaisir. Et combien d'autres infirmités ! Quelles sensations lui procurent le plus remarquable cithariste […] ? Que lui importe sa place au théâtre, puisqu'il entend à peine cors et trompettes ? Il oblige à hurler l'esclave qui lui annonce les visiteurs ou qui lui dit les heures. Il a le sang glacé dans les veines, la fièvre seule le réchauffe, une coalition de maladies l'encercle : [...] Un vieillard souffre des épaules, l'autre des reins, un troisième des jambes. En voici un qui a perdu les deux yeux et porte envie aux borgnes ; un autre a besoin de la main d'autrui pour porter la nourriture à ses lèvres décolorées ; à table, bouche béante, il fait comme le petit de l'hirondelle, qui voit sa mère à jeun et le bec plein voler à lui. Mais il y a pires misères que celles du corps ; le vieillard perd l'esprit, oublie le nom de ses esclaves, ne reconnaît pas un ami qui soupait avec lui la veille, ni même ses enfants et qu'il a élevés. » 129

Un des rares témoignages vraiment positifs vis à vis de la vieillesse est celui d'Irénée de Lyon « qui voulait que Jésus ait connu tous les âges, y compris l'âge magistral par excellence, la vieillesse. » 130 Mais, comme chacun sait, irénisme est devenu synonyme de naïveté !

Le monde moderne

Là aussi, on peut constater une forte ambivalence. « Au Moyen-Age, l'idéal esthétique plus abstrait conduit à faire du vieillard un double symbole : celui de la sagesse manifestée par la blancheur des cheveux et de la barbe à l'image de Dieu en majesté au cœur des cathédrales, et celui du péché marqué par l'altération physique et la peau flétrie. » 131

D'un côté, donc, Saint Thomas d'Aquin reprend à plusieurs occasions une citation de la Bible : « En effet, la vieillesse confère à l'homme une certaine supériorité. C'est pourquoi le respect et l'honneur sont dus aux vieillards, selon cette recommandation du Lévitique (19, 32) : " Tu te lèveras devant une tête chenue, tu honoreras la personne du vieillard. " »

De l'autre, « dans les sociétés chrétiennes du début des temps modernes jusqu'au XVIII° siècle, la vieillesse n'était pas du tout valorisée [...] La vie d'autrefois était très dure, elle exigeait une grande résistance physique et les infirmités y rendaient plus ou moins inapte [...] Le vieux, c'est d'abord quelqu'un qui ne pouvait plus mener la vie de tout le monde. Par conséquent, il devait avoir une vie à lui, une sorte de retraite [...] consacrée à l'art, à l'étude, à la piété. » 132 L'auteur remarque ensuite que l'image du vieillard est, une fois de plus, à double face, d'un côté le vieillard studieux, le sage, de l'autre, le dévot, le ratiocineur.

Montaigne, qui prend effectivement une retraite studieuse, n'est pas d'un avis vraiment positif : « Nous appelons « sagesse » le fait que nos caractères soient difficiles, le dégout envers les choses présentes. Mais en vérité, nous abandonnons moins nos vices que nous ne les changeons, et selon moi, en pire. Outre une sotte et stérile fierté, un bavardage ennuyeux, ces caractères acariâtres et peu sociables, la superstition et un goût ridicule pour les richesses alors qu'on en a perdu l'usage, je trouve dans la vieillesse plus d'envie, d'injustice et de méchanceté. Elle nous met plus de rides a l'esprit que sur le visage ; et l'on ne voit pas d'âmes (ou fort rares) qui en vieillissant ne sentent l'aigre et le moisi. » 133

Plus tard, les « barbons » de Molière sont non seulement comiques mais méprisés. Puis un changement s'opère au XVIII° siècle. « L'image du vieillard est maintenant reprise de l'Antiquité : c'est le noble vieillard à la belle figure. Dote d'une grande dignité, la vieillesse ne le dégrade pas, même s'il est infirme : il sera tout simplement assis dans un fauteuil. Il est entouré de gens qui viennent prendre son enseignement : le vieillard devient le patriarche : il apparaît ainsi dans toute la peinture de Greuze.

Il va de soi que tout ce qui précède concerne essentiellement des hommes. Les femmes en tant que telles n'existent pratiquement pas dans la littérature gréco-latine et guère jusqu'à la Renaissance. Certes, il y a l'amour courtois. Mais le plus souvent, le ton vis à vis des femmes, est moqueur, ou méprisant, ou même haineux, comme dans ce texte du XII° s. :

« La femme ignoble, la femme perfide, la femme lâche Souille ce qui est pur, rumine des choses impies, gâte les actions... La femme est chose mauvaise, chose malement charnelle, chair toute entière. Empressée à perdre, et née pour tromper, experte à tromper, Gouffre inouï, la pire des vipères, belle pourriture. » 134

Ou dans celui-ci du XVI° siècle : « Car la nature leur a placé dans le corps, dans un lieu secret et interne, un animal, un organe, qui ne se trouve pas chez les hommes, et par lequel quelquefois sont engendrées certaines humeurs salées, nitreuses, boracineuses, âcres, corrosives, lancinantes, amèrement chatouillantes, dont la piqûre et le frétillement douloureux (car ce membre est tout entier nerveux et d'une vive sensibilité) ébranlent tout leur corps, emportent tous leurs sens, intériorisent toutes leurs passions, troublent toutes leurs idées. » 135 Il y a bien sûr quelques exceptions, mais il faudra attendre jusqu'au XVII° siècle pour qu'apparaissent des romancières et donc des héroïnes ayant plus qu'un rôle de faire-valoir.

Quant aux femmes vieilles... Elles émergent au Moyen Age sous la redoutable figure de la sorcière, jeune et jolie dans la majorité des cas, comme le soutient Michelet. Ou ainsi que la présente V. Hugo, avec la figure d'Esmeralda, dans *Notre Dame de Paris*. Mais aussi, comme dans les fantasmes du peuple comme de la plupart des écrivains et des peintres, le plus souvent âgée, ridée, édentée, méchante, solitaire... et un peu dérangée. La sorcière du conte *Blanche-Neige,* vue par les studios Walt Disney, en est un bon exemple. On ne dispose pas de statistiques précises, mais l'on sait que les âges des sorcières ont varié de 10 à 100 ans. [136] Et qu'elles comportaient beaucoup de veuves.

Pourquoi les femmes sont-elles particulièrement ciblées ? La réponse est simple : « Le diable […] induit volontiers le sexe féminin, lequel est inconstant à raison de sa complexion, de légère croyance, malicieux, impatient et mélancolique pour ne pouvoir commander à ses affections. Et principalement les vieilles débiles, stupides et d'esprit chancelant. »[137] Cependant, cet auteur considère les sorcières comme des malades que l'on devrait soigner. D'autres soutiennent qu'il faut les brûler toutes. [138]. Quelques dizaines de milliers (de 50 à 100.000 selon les estimations) furent d'ailleurs brûlées vives et l'on ne peut que saluer leur mémoire.

Les hommes sont beaucoup moins visés, on est tenté de dire évidemment. Comme le note J. Michelet : « Pour un sorcier, dix mille sorcières. » [139]

Cette idée reçue de la liaison entre la sorcellerie et la vieillesse a la vie dure et persiste jusqu'à nos jours et jusque dans des milieux prétendument savants. « Enfin, je n'ai jamais rencontré en brousse de jeune guérisseur et je n'ai pas entendu parler de sorcier jeune. », prétend un jeune chercheur. [140] J'ai, pour ma part, assisté en basse Côte d'ivoire, à l'exorcisme d'une sorcière accusée d'une vingtaine de meurtres. Elle n'avait pas vingt ans.

Le XIX° siècle n'est pas non plus très tendre vis à vis des femmes âgées. « Le bonnet ou le fichu noir sur la tête, les rides profondes, les yeux éteints, l'absence de dents surtout, caractérisent le visage de la vieille femme. Avec la dentition c'est l'expression et le sourire qui se sont perdus : lèvres rentrées sur les gencives, menton pointé vers le nez, ce profil de « sorcière » est maintes fois décrit. C'est aussi l'alimentation qui a été réduite aux bouillons, soupes, et pain trempé. Amaigrie, tremblante, la femme âgée est si courbée qu'elle paraît sans tête, et que son bâton, où ses deux mains s'appliquent comme des nœuds, est plus haut qu'elle. » 141 L'auteur renvoie, entre autres, aux nouvelles intitulées *Ragotte* de Jules Renard, dont certaines illustrations donnent effectivement bien cette image. Il faut aussi retenir ces accusations d'incendiaires visant un certain nombre de femmes, à la fin de la Commune de Paris. On n'a pas de photos évidemment, alors qu'on en a des suppliciés. Mais les gravures sont plus inventives !

Le monde contemporain

La littérature romanesque sur la vieillesse et le traitement qui lui est réservé est parfois très brutale. En voici deux exemples français.

Dans le premier, une tenancière de bordel profite des derniers jours de la Commune et de ses massacres d'artisans et d'ouvriers, pour faire fusiller son vieux père dont elle veut se débarrasser.

« Il arriva qu'une barricade fut dressée au bout de la rue. C'était le moment ou jamais de fermer la porte à triple tour et de faire comme si on était des mortes. Papa Ferdinand fut complètement oublié.

La barricade était prise à deux heures de l'après-midi et les fédérés en fuite abandonnaient le quartier. Bientôt, il ne resta plus qu'un seul être, un mince vieillard dont les pas sonnaient dans le grand silence. Impossible de ne pas le reconnaître. C'était le gâteux sorti le matin par curiosité et qui, bêtement, fuyait comme un criminel devant les pantalons rouges.

Ceux-ci, pleins de défiance, ne le suivaient pas encore, hésitant à tirer sur un homme d'un si grand âge. Ils accoururent en le voyant s'arrêter à la porte du grand 12.

- Avance à l'ordre et fais voir tes pattes !

Le vieillard, pantelant d'effroi, se précipita sur la sonnette et se mit à carillonner.

- Titine, ma Titine, c'est moi ! Ouvre à ton vieux père.

La fenêtre close du mauvais lieu s'ouvrit alors spontanément et Mme Alexandre, ivre de joie, désignant son père aux soldats, leur cria :

- Mais fusillez-le donc, tonnerre de Dieu ! Il était tout à l'heure avec les autres. C'est un sale communard, c'est un pétroleur qui a essayé de foutre le feu au quartier.

On n'en demandait pas davantage en ces gracieux jours et papa Ferdinand, criblé de balles, tomba sur le seuil... » 142

Dans le second cas, on supprime lentement une bouche inutile.

« Ce terrible moment devait arriver, pour lui, comme il était arrivé jadis, pour son père, pour sa mère, auxquels, bras impotents et bouches inutiles, il avait, lui aussi, avec une implacable rigueur, refusé le pain des derniers jours sans travail. Depuis longtemps, il le voyait venir, ce moment. À mesure que ses forces diminuaient, diminuaient aussi les portions parcimonieusement réglées de ses repas. On avait d'abord rogné sur la viande du dimanche et du jeudi, puis sur les légumes de tous les jours. C'était au tour du pain, maintenant, qu'on lui retirait de la bouche. Il ne se plaignit pas et s'apprêta à mourir, silencieusement, sans un cri, comme une plante trop vieille, dont les tiges desséchées et les racines pourries ne reçoivent plus les sèves de la terre. » 143

Cependant, ce qui nous apparaît comme cruauté doit être remis dans une perspective plus large d'univers qui étaient cruels par nature, les conditions économiques et sociales étant très dures, les guerres continuelles et les populations écrasées d'impôts. Si des vieillards mouraient de faim, condamnés en quelque sorte, il en était de même de beaucoup d'enfants, qui eux n'étaient pas *a priori* condamnés.

« Le 2 janvier 1662 fut enterré en notre Église l'enfant de défunt Hean Vedye mort de faim en une estable.

Le 20 janvier 1662 fut enterré en notre semetière un nommé David et sa mère morts de faim au charnois, comme aussi un nommé La Gravière mort de faim.

Le 26 mars 1662 a esté enterré en notre simittière Anne Rochette qui est morte de faim avec ses deux enfants.

Le 28 avril 1662 fut enterré en notre semittière le fils à défunt Jacques Drouin mort de faim comme son père. » 144

En contrepoint, les 5 et 6 juin 1662, Carrousel près du Louvre pour célébrer la naissance du dauphin Louis. Le roi s'attribue l'image du Soleil !

A côte de ces morts infligées par d'autres, il faut ajouter les suicides. « D'après les résultats de l'enquête sur "les suicides par misère à Paris", effectuée en 1892 à partir des dossiers du Parquet de la Seine, la raison la plus fréquente des suicides des vieux ouvriers est la charge que ceux-ci ont conscience de représenter pour leurs enfants. "Mon cher fils, écrivait une mère, je te dis au revoir car je ne peux plus rester à ta charge : toi, tu peux gagner ta vie, moi, je meurs avec le chagrin de la faire perdre à tout le monde." "La vie est trop lourde à supporter, écrivait à son fils un ouvrier âgé, je m'en vais sans regrets; je te quitte pour l'inconnu, mais il ne peut être pire que mon état. Vive la République sociale qui ne laissera pas mourir ses enfants." » 145

On trouve l'équivalent dans la littérature japonaise, lorsqu'une vieille femme, devenue une bouche inutile, décide de faire un pèlerinage en haut d'une montagne où elle sait qu'elle mourra de faim et de froid. 146

Ensuite, les mœurs s'étant peut-être adoucies et surtout les conditions économiques s'étant améliorées, il n'y a plus suppression physique mais élimination sociale.

« [C'est] l'histoire morale du fils qui mène son père à l'hospice. Au milieu du trajet, le père s'arrête et regarde une grosse pierre au milieu du chemin. "Que regardes-tu ?" demande le fils. Et le vieux : "La pierre sur laquelle mon père s'est reposé quand je l'ai emmené à l'hospice." » 147 Et de nos jours, l'hospice s'appelle résidence médicalisée.

L'époque actuelle n'est pas toujours beaucoup plus tendre. D'après une enquête faite auprès d'étudiants, un vieux, « *c'est ridé, ratatiné*» ; il a perdu non seulement ses dents et ses cheveux, mais aussi ses capacités à agir. En tête des mots clés cités par des étudiants pour le caractériser, vient le terme « *malade* » ou ses corollaires « *dépendant, handicapé, invalide, gâteux, impotent, dément...*» ; puis le terme « *solitaire*» parfois relié à « *mort* ». On évoque sa fatigue, sa faiblesse, sa fragilité, sa vulnérabilité, son incapacité à s'adapter au changement. 148

Cette dernière incapacité est un des reproches constants faits aux autres par ceux qui veulent que l'on s'adapte à eux. Pendant toute la deuxième moitié du XX° siècle, les « responsables », bien aidés par les cabinets conseils, ont reproché au petit peuple des ouvriers, des employés et des cadres moyens, plus âgés qu'eux, d'être réfractaires au changement, à leur changement, celui qui faisait progresser leur carrière et leur fortune.

On pourrait accumuler les tirades, les petites phrases ou les mots isolés, assez féroces.

« Ce titre regroupe six interventions qui jettent leur coup de sonde dans le marigot du grand âge... » 149 Selon le dictionnaire, le terme "marigot" est parfois employé métaphoriquement pour suggérer des activités plus ou moins occultes, en eaux troubles. Effectivement, il y a souvent des crocodiles dans ces eaux-là. Qu'est-ce qui a bien pu passer par la tête de cette chercheure pour employer une telle expression ?

« Le regard que nous posons aujourd'hui sur la vieillesse n'est pas, habituellement, celui des hommes de la Bible. La vieillesse apparaît si souvent dans nos sociétés comme un prolongement angoissé de l'existence contre la mort alors même que ce qui fait vraiment la vie n'est plus là. » 150

« Nous avons le devoir d'accompagner les plus âgés, et de

leur restituer leur dignité d'êtres humains. » 151 Pourquoi ? L'auraient-ils perdue ?

Les sites dont sont tirés ces deux derniers extraits sont expressément catholiques. Mais où est passée la charité chrétienne ? On s'en voudrait de commenter !

Le vieillissement actuel de la population, avec ses lourdes conséquences financières, peut inquiéter quant au retour à des pratiques qui nous paraissent aujourd'hui impensables. Rappelons que la France a laissé mourir de faim, durant la guerre de 1939-45, plusieurs dizaines de milliers de malades mentaux. 152 Plus près de nous, la canicule de l'année 2003 a provoqué la mort de milliers de vieillards (15.000 entre le 1 et le 20 aout). Les médecins urgentistes eurent beau tirer la sonnette d'alarme, mais ils se plaignent tout le temps, il fallut que les Pompes funèbres soient débordées pour que le gouvernement consente à s'émouvoir. Diable ! C'étaient les vacances. Et ces gens-là ne votent plus guère, manifestent encore moins et sont bien incapables de saccager une sous-préfecture ou de bloquer une service public vital. Et puis, quelles économies !

Le péril vieux

> « En avons-nous fini des accusations contre la vieillesse ? Pas encore; car il semble inépuisable le répertoire des jeunes, qui, sans doute, ne vieilliront jamais et qui sans doute aussi, s'ils vieillissent, échapperont aux tares de la vieillesse. » E. Rabaud, *La vieillesse,* 1909.

Sur Internet et à l'abri de l'anonymat, certains n'hésitent pas à être brutaux dans l'expression de leurs sentiments vis à vis des vieux.

Parfois, cette vision reste celle traditionnelle et ressassée du vieux libidineux.

> « A mon humble avis, plutôt que de traquer des

automobilistes mal garés, d'investir dans de beaux uniformes, les pays concernés, France, Belgique, Autriche..., devraient peut-être, avant que le tombeau ne les emporte, interroger tous nos papys et mamys, visiter leur cave, leur bunker, leur cabanon et effectuer des tests ADN sur tous les membres de la petite famille. Je vous fiche mon billet qu'ils sont encore nombreux ces vieux prédateurs, plus proche de nous qu'on ne le pense. Dans le bus, le tram, le métro, les bancs des jardins publics. A nous faire regretter les progrès de la médecine qui, justement, ont maintenu si longtemps en vie de tels monstres et leur innocente compagne. Jeunes filles, méfiez-vous du péril vieux. Arrêtons d'aider les vieux à traverser la route. Ne leur laissons plus nos sièges dans les transports en commun et surtout, quand vous en voyez un tomber, éviter de le rattraper. On ne sait jamais. » 153 Au début de son papier l'auteur fait allusion à quelques cas d'individus qui ont séquestré, violé et enceinté leur fille, quelques cas sur des dizaines de millions. L'humour est grinçant, mais est-ce de l'humour ? Il y a tout de même une sourde menace.

Parfois aussi on reste dans le non moins classique : place aux jeunes.

« Hier encore, j'entendais je ne sais quelle titubante baderne se plaindre de ce que "les jeunes" ne savent plus se concentrer trois secondes de suite. A cause d'Internet, hein. Et pis du zapping, forcément.

Et puis ils ne lisent plus de livres, les jeunes, voyez - pas comme avant, n'est-ce pas, où le plouc lambda te citait Flaubert dans le texte entre deux ballons de rouge.

Elle faisait écho, cette baderne, à une autre à peine moins raide, qui crachotait en substance que les jeunes, toujours eux, doivent avoir une vie sexuelle très perturbée, si vous voulez mon avis. Et ça, c'est la faute au porno.(...)

Parce que, oui, voyez-vous, le respect se perd aussi, évidemment. (…) Il serait peut-être temps de rappeler à nos péroreuses vertus qu'il est l'heure de passer la main. Quand on est plus borné que l'autoroute, c'est qu'il est tard. Et de cette époque qu'ils chérissent avec tant de *safe* nostalgie, j'ai pour ma part retenu qu'au-delà d'un certain âge on se pose sur les berges pour taquiner le poisson sans faire chier personne. » 154

L'auteur laisse entendre qu'il pourrait lui, citer du Flaubert. Ce qui nous laisse entendre à nous, qu'il n'est pas si jeune que cela. Car enfin, qui, de nos jours, parmi les jeunes, lit Flaubert le soir avant de s'endormir, si du moins, il n'est pas au programme des examens ? Comme tant d'autres, il aimerait qu'on lui laisse la place, celle qu'il pense mériter, ou plutôt qu'il pense lui revenir de droit, au premier plan.

Parfois aussi, cela prend le masque de l'humour. « Un vieillard qui ne fait rien est un vieux qui se fait chier et qui ne tardera pas à vous emmerder. Occuper un vieux est donc le premier souci de toute personne voulant conserver sa tranquillité. Le plus simple est de l'envoyer chercher quelque chose d'encombrant dans un endroit impossible. Si néanmoins votre bon cœur (celui qui vous perdra) vous conseille une solution plus douce, vous pouvez lui faire la conversation. Commencez par parler maladie, il continuera pendant un certain temps sans s'apercevoir de votre disparition dans la buanderie où des taches aussi chiantes vous attendent : le nettoyage des draps souillés. » 155 N'est pas drôle qui veut !

Terminons cependant sur une note un peu plus positive : « Il ne faut pas oublier les vieux au corps pourri, les vieux tout près d'une mort à laquelle les jeunes ne veulent pas pouvoir penser (alors ils confient à la maison de retraite le soin d'y amener leurs parents sans esclandre ni tracas), l'inexistante joie de ces dernières heures dont il faudrait profiter à fond et qu'on subit dans l'ennui, l'amertume et le ressassement. Il ne faut pas oublier que le corps dépérit, que les amis meurent, que tous vous oublient, que la fin est solitude. Pas oublier non plus que ces vieux ont été jeunes, que le temps d'une vie est dérisoire,

qu'on a vingt ans un jour et quatre-vingt le lendemain. » 156
L'auteur fait parler une adolescente...

Les sociétés non européennes

Internet ne nous a pas fourni une documentation considérable sur ce sujet. Voici cependant une exception littéraire : « Dans la Chine d'autrefois, les vieillards étaient l'objet d'une affection chevaleresque. "Il ne faut pas, disaient les Chinois, qu'un homme à cheveux gris soit vu portant un fardeau dans les rues." Le désir d'être agréable à ses parents dans leur vieillesse était le sentiment le plus vif. Le grand drame était d'être absent au moment où les parents mouraient. Dans les assemblées, les vieillards seuls avaient le droit de parler. Ils vivaient chez leurs enfants et y étaient profondément respectés. On trouvait naturel qu'ils intervinssent dans la vie des jeunes couples. Dans un livre populaire, étudié dans toutes les écoles chinoises, on lisait : "Pendant les mois d'été, chacun devrait se tenir auprès de ses parents avec un éventail pour éloigner d'eux la chaleur, les mouches et les moustiques. En hiver, le fils doit veiller à ce que les couvertures de lit soient assez chaudes, le poêle bien entretenu; il doit surveiller les trous ou crevasses des murs, les fentes des portes, afin que ses parents soient à l'abri des courants d'air et, toute la journée, confortables et heureux." (Lin Yutang). » 157

Les sociétés dites traditionnelles

On connaît la fortune de la formule d'Amadou Hampâté Bâ : « En Afrique, quand un vieillard meurt, c'est une bibliothèque qui brûle. » C'est une belle phrase, mais quelque peu contestable, car en Afrique, comme en Europe, la disparition d'un vieillard, dans la plupart des cas, c'est surtout la disparition de ragots, de sottises et d'histoire réécrite à la gloire des puissants du jour. Si des griots ont jamais chanté vos louanges, ce qui n'est pas difficile à obtenir car il suffit de les payer, il ne leur a fallu que quelques minutes pour vous trouver une généalogie des plus prestigieuses et même vraisemblable ! Et tous les vieillards ne sont pas Ogotemmêli ! 158 Ni tous les ethnologues aussi bons romanciers que M. Griaule.

Mais la formule a l'avantage de marquer que dans certains sociétés qui ne pratiquent pas l'écriture, la connaissance, quelle qu'elle soit, est mémorielle. Et qu'évidemment, en principe, les vieillards savent plus de choses que de jeunes adultes.

La littérature de langue française sur le sujet ne couvre guère que l'Afrique noire et l'Océanie. Les 150 ans de "présence" française en Algérie, n'ont par exemple, pas donné lieu à ces travaux éclatants qui sont dans toutes les mémoires.

L'idée générale est que dans les sociétés sans écriture, les vieux combinent pouvoir et savoir, les deux étant liés. C. Levi Strauss raconte de façon plaisante l'histoire d'un chef de village en Amazonie, qui le voyant écrire et le pensant savant, avait un jour tenu un long discours au village assemblé, en faisant semblant de lire un morceau de papier où il n'y avait rien d'écrit évidemment. 159 Il avait simplement renforcé son prestige, et donc son pouvoir en faisant « comme le Blanc ».

Pour l'Afrique noire, Louis-Vincent Thomas a observé le prestige considérable dont jouissaient les vieux : « Expérience, disponibilité, éloquence, savoir, sagesse, voilà ce que justifie l'image idyllique que le Négro-africain se fait du vieillard. Et ceci malgré la réalité des vieux séniles, égoïstes, tyranniques ou acariâtres, comme partout dans le monde. C'est qu'une société de pure oralité a besoin de ses vieux, symbole de sa continuité en tant que mémoire du groupe et condition de sa reproduction. Alors, pour rendre plus supportable leur pouvoir et aussi pour se valoriser en les valorisant, le groupe n'hésite pas à les idéaliser. Puisqu'on ne peut rien faire sans les vieux, autant leur accorder toutes les qualités. Et confondre leur somnolence avec le recueillement de la méditation. » 160

Cependant, ce pouvoir s'effrite. Au début de l'atroce guerre qui, à la fin du XX° siècle, ensanglanta le Liberia pendant vingt ans, les putschistes, de très jeunes sous-officiers, n'hésitèrent pas à faire fusiller en public une brochette de dirigeants âgés, à peu près tout l'ancien gouvernement. Cela choqua, après...

De même, de nos jours, en Afrique, « l'accusation de sorcellerie est souvent un prétexte pour récupérer des terres. En Tanzanie, par exemple, quelque 500 vieilles femmes seraient assassinées chaque année. » 161 De telles accusations ne sont évidemment pas lancées au hasard. A propos de la sorcellerie en basse Côte d'ivoire, qui ne diffère guère, Marc Augé 162 a remarqué que les accusations visent des individus sans défense et que personne n'oserait accuser un chef de village, par exemple. Les jeunes sans parentèle puissante ou les vieux isolés sont des cibles évidentes. Cela est d'autant plus remarquable qu'en ces régions, le recours à la sorcellerie est considéré comme le moyen par excellence de posséder pouvoir et argent. Encore que j'ai connu un sorcier fort redouté, qui bloquait tout le développement d'un village et qui était, apparemment, pauvre comme Job. Les gens les plus soupçonnables sont donc les plus rarement accusés. Mais il n'y a pas qu'en sorcellerie !

Conclusion

« Heureux vieillard ! »
Virgile, *Les Bucoliques, I.*

En 1963, parut un *Que sais-je ?* intitulé *Sociologie de la vieillesse* 163 surtout consacré à la démographie et à l'économie. Au détour d'une phrase, l'auteur parle des « grands vieillards de plus de 75 ans. » On mesure là le chemin parcouru en quelques dizaines d'années. De nos jours, un individu de 75 ans est âgé, certes, et certains diront qu'il est vieux, mais ce n'est pas un « grand vieillard » terme qui laisse supposer une perte plus ou moins grande d'autonomie physique et des facultés mentales ralenties, sinon plus ou moins défaillantes. L'auteur s'étend aussi sur ce qu'il faut bien appeler la misère des vieux de cette époque. De nos jours, presque tout le monde a cotisé à une caisse de retraite, bénéficie d'assurances maladies, a plus ou moins profité des « trente glorieuses » pour constituer un certain capital, son logement le plus souvent. Certes, il reste des gens pauvres, obligés d'économiser durement, mais peu dans une misère noire. Et par ailleurs, même des individus souffrant de pathologies lourdes mais bien compensées par les progrès de la thérapeutique, peuvent vivre une vie à peu près normale, avec certes la privation du tabac, de l'alcool, du sel ou encore parfois une libido restreinte.

Cependant, « Notre Occident contemporain, à la différence de nombreuses autres cultures, n'est pas encore bienveillant à l'égard de la vieillesse. La vie humaine y est conçue comme une progression vers un apogée puis un déclin précédant la fin. Pour retarder la chute, il est donc suggéré de rester éternellement jeune. Ce désir d'une société homogène et sans âge aboutit nécessairement à la négation de la vieillesse conçue comme forcément pathologique. Les vieux doivent rester jeunes ». 164

Nous vivons donc, vous vivez, dans un univers ambigu dont les ressources technologiques bénéficient aux gens âgés de façon importante, mais dont l'idéologie ne leur est pas aussi favorable. Par ailleurs, le déclin économique de plus en plus rapide de la France, l'incapacité des « élites » à mettre en place un modèle nouveau de développement économique, le vieillissement de sa population, les périodes d'emploi alternant avec celles de chômage aboutissant à de maigres retraites et infligées à une partie importante des travailleurs, imposent une certaine prudence quant à l'avenir. Répétons-le : profitez de la situation actuelle, car elle pourrait ne pas durer. Il est plus que probable qu'elle ne va pas durer. Après tout, la vieillesse n'est pas un sujet d'avenir, par définition. La rareté sur ce point des études, enquêtes, chiffres, pourcentages, données en tout genre, est assez significative. Encore plus que la police, la justice, et quelques autres institutions, la vieillesse est un « trou noir », dont comme chacun sait, la lumière ne s'échappe jamais

Le vieillissement, de plus, est un sujet où les thèmes s'entrecroisent, chacun des points évoqués ci-dessus étant fortement corrélé avec les autres, de même qu'un divorce mêle étroitement aspects affectifs et aspects financiers et que traiter ces deux points successivement, chapitre après chapitre, ne rend pas bien compte de la réalité. Il aurait fallu une construction de l'ouvrage en quelque sorte circulaire ou dialectique comme les savants disaient autrefois. Mais il aurait fallu pour cela que l'auteur fut un grand romancier ou un philosophe. Ce n'est pas le cas et il y a donc parfois quelques répétitions.

Ce petit livre est un ouvrage d'expérience, mais ce n'est pas vraiment un ouvrage de conseils, parce que les conseils sont très agaçants lorsqu'on est jeune, et encore plus quand on a pris de l'âge. C'est une flânerie à travers un certain nombre de thèmes. A vous de vous arrêter devant ce qui peut vous intéresser, d'y réfléchir et éventuellement d'en tirer parti.

Les conseils, eux, seraient simples. Il faudrait arrêter de fumer, marcher une heure par jour, manger de façon équilibrée, et donc oublier la bonne vieille cuisine, c'est à dire vivre sainement. Il faudrait aller à la rencontre d'autrui, fut-ce des grincheux et des ennuyeux, pour garder une vie relationnelle. Il faudrait exercer mémoire et logique pour garder un cerveau en ordre de marche. Il faudrait … Mais à quoi bon vivre jusqu'à cent ans, si c'est pour mourir d'ennui.

Il est donc nécessaire d'arbitrer. Entre ce qui est sain et ce qui est agréable. Entre ce que l'on a envie de faire et ce qu'il faudrait faire. L'idéal serait que les deux se recoupent et donc l'idéal serait de faire en sorte que les deux se recoupent. Cela suppose de changer certaines habitudes auxquelles on ne tient que parce que ce sont des habitudes, ce qui ne veut pas dire qu'il soit aisé de les changer.

Remerciements

L'auteur de cet ouvrage n'a pas eu le courage de prendre plusieurs transports en commun pour rejoindre une grande bibliothèque, y faire la queue et feuilleter deux ouvrages.

Les citations ou les chiffres contenus dans ce livre proviennent donc presque uniquement de sites Internet. Ceci impose quelques limitations et quelques choix. D'abord certains ouvrages anciens ne sont pas numérisés, ou le sont dans des formats peu commodes, par exemple ceux qui interdisent de copier fut-ce une phrase. D'autres, plus récents, guère plus en général, puisque soumis à la loi sur les droits d'auteur qui favorise les héritages au détriment des connaissances. En revanche, des travaux actuels sont consultables, parce que leurs auteurs, amateurs ou professionnels, ont pris la peine de les mettre en ligne pour partager leur savoir, et nous les en remercions. Ce n'est pas le cas de tous. Nous avons, par exemple, beaucoup plus utilisé les sites scientifiques canadiens que les français, parce qu'ils sont gratuits, alors que bien des revues scientifiques françaises, pourtant financées par le contribuable, font payer la communication des articles.

D'autre part, certains sites, certaines revues, certains organismes, pourvus de titres pompeux et trompeurs, ne sont que la couverture d'activités marchandes, telles que celles de « l'expertise », du conseil, de la formation, de pseudo-thérapies, du lobbying de groupes de pression et même d'idéologies plus ou moins sérieuses et leurs dires doivent être repris avec prudence.

Les sites personnels ou les blogs, les forums, etc., posent d'autres problèmes. On peut les considérer et c'est ce que nous avons fait, comme une sorte de *vox populi*. Mais ils ont valeur d'exemple, d'illustration, et non de démonstration. D'orthographe relâchée, de grammaire simplifiée, ils sont aussi souvent de logique particulière. Certains n'hésitent pas à se contredire dans le même paragraphe et il n'est pas toujours facile de saisir précisément la pensée des auteurs. Nous avons donc pu faire des erreurs.

Enfin, Internet n'est pas une bibliothèque universitaire. Si vous tapez « belle-fille », qui est le pendant de « gendre », dans un moteur de recherche, vous êtes surtout renvoyé à des sites pornos présentant de soi-disant belles filles dont aucune n'est jolie. Et si vous tapez « vieillarde », vous tombez, avec stupeur, sur des dizaines de sites non moins pornographiques, avant de trouver quelques travaux sérieux. Il y faut de la patience !

S'il est simple, avec un ouvrage papier, de donner les références des auteurs et des éditeurs, beaucoup de sites ne le permettent pas aussi aisément. De plus une adresse de site n'est pas toujours pérenne et nous avons rencontré beaucoup de liens rompus. Quant aux blogs et autres forums, par définition, leurs participants utilisent des pseudonymes, et à quoi bon se référer à un pseudonyme ! Nous voudrions donc présenter nos excuser aux auteurs utilisés mais non cités comme tels ou cités mais non correctement référencés.

Certaines citations n'ont aucune référence. Elles proviennent d'amis ou de relations qui ont bien voulu nous confier quelques souvenirs.

Enfin, nous voudrions remercier les innombrables développeurs des logiciels dits « libres », en particulier ceux de *OpenOffice.org,* grâce à la créativité et au sens du partage desquels nous avons pu produire cet ouvrage.

[1]Source INED

[2]Ch. Louis Lesur, Annuaire historique universel, Paris, 1837.

[3]OMS, 1996. Cité par Henri Dorvi,Théories et méthodologies de l'intervention sociale.

4 C. Rabaud, La Vieillesse, Paris,1909.

[5]Trad. française, Belfond, 1985.

[6]La Bruyère, Les Caractères.

[7]Cicéron, De la vieillesse.

[8]Divinités grecques chargée de filer, de tisser puis de couper le fil de la vie humaine.

[9]La Fontaine, Fables, Le vieillard et les trois jeunes gens.

[10]Jean-Pierre Mongrand, Le Monde, 24 avril 2010.

[11]Les « vieux » souffrent d'une discrimination sociale « banalisée ». Pascal Champvert, L'Humanité du 24 octobre 2009.

[12]C. Trivalle, gériatre, Le Monde du 24 avril 2010.

[13]J. Soubeyrand, gériâtre, le Monde du 24 oct 2009.

[14]Enquête CNRS, 2005-2006.

[15]Source: Enquête Distribution du patrimoine selon le statut d'activité et l'âge en 2004. Conseil d'orientation des retraites..

[16]Le Maitre de Claville, Traité du vrai mérite. 1737.

[17]Source DREES, 2004.

[18]Marquise de Lambert, Réflexions sur la vieillesse, 1732.

[19]S. de Beauvoir, La Vieillesse, 1970.

[20]Docteur Michel Cavey, Site famidac.fr

[21]Nikita Lalwani, Surdouée, Flammarion, 2009.

[22]Sénèque, Des avantages de la vieillesse.

[23]Montaigne, Essais.

[24]J. Champin, D'un regard l'autre.

[25]Marquise de Lambert, op. cité.

[26]Remi Lenoir, L'invention du troisième âge. Actes de la

recherche en sciences sociales, 1979.

[27]Jean-Philippe Tarot © Senioractu.com, 2005.

[28]Source INED.

[29]Site de l'AARP.

[30]J. P. Tarot, op.cité.

[31]Jonathan Swift, Pensées sur divers sujets moraux et divertissants.

[32]Eric Fiat, Philosophie de la vieillesse - Réflexions sur le temps qui passe. philo.pourtous.free.fr

[33] A. Champigny, Les dix commandements de la vieillesse, Gérontologie, 1972, Cité par Remi Lenoir, L'invention du « troisième âge », Actes de la recherche en sciences sociales, 1979.

[34]« Avez vous déjà giflé un mort ? » in le tract collectif surréaliste « Un cadavre ». Cité par Wikipedia.

[35]Cicéron, De la vieillesse.

[36]Montaigne, Livre 2

[37]Site Yahoo! Questions / réponses

[38]Id.

[39]Montaigne, Essais, Livre II

[40]La Fontaine, Fables, Livre 12, Fable 25.

[41]Site Doctissimo.

[42]Vanessa Watremez, Élargissement du cadre d'analyse féministe de la violence domestique masculine à travers l'étude de la violence dans les relations lesbiennes.

[43]Source : couple.belle-tapiole.info/violence.html

[44]C. Rabaud, La Vieillesse, Paris,1909.

[45]C. Rabaud, La Vieillesse, Paris,1909

[46]C. Rabaud, id..

[47]Un intervenant sur le Site Yahoo! Questions / réponses. Nous avons respecté la forme originelle.

[48]Ecclésiaste, 12.1-7. La traduction et les commentaires entre parenthèses sont repris du site : Pasteurweb.org

[49]La Bruyère, Caractères.
[50]J.J. Rousseau, Rêveries d'un promeneur solitaire.
[51]Simone de Beauvoir, La vieillesse. Gallimard, 1970.
[52]Muriel Barbery, op.cité.
[53]In Paul Antin, op. cité.
[54]Publié en 1555.
[55]J. Trincaz, Les fondements imaginaires de la vieillesse dans la pensée occidentale, L'Homme, 1998.
[56]C. Rabaud, La Vieillesse, Paris,1909.
[57]Philippe Bouvard, Mille et une pensées, 2005.
[58]Marquise de Lambert, Réflexions sur la vieillesse, 1732.
[59]Jean-Jacques Rousseau, Les Rêveries du promeneur solitaire, 1782.
[60]Source : Wikipedia.
[61]Source : Site Doctissimo.
[62] J. Donnelly , L'ange de Whitechapel, Belfond, 2008.
[63]N. Weill, Le Monde du 27 mars 2010.
[64]J-C. Ruffin, Globalia, Gallimard, 2003.
[65]Source : http://www.avenirsdefemmes.com
[66]www.sajidine.com/famille/.../menstruation.htm
[67]Les admirables secrets d'Albert le Grand, Lyon, 1774.
[68]Yvonne Verdier, Façons de dire, façons de faire, Gallimard. Cité par: http://www.avenirsdefemmes.com
[69]Roussel, Système physique et moral de la femme, Paris, Caille et Ravier, 1809.
[70]Th. Gautier, Le Capitaine Fracasse, 1863.
[71]Robert Wilson, *Feminine Forever,* 1966. Cité par D. Delanoë, ibid.
[72]Docteur Michel Cavey, Site famidac.fr .
[73]Site sosfemmes.com
[74]Parue dans la livraison d'août 2007 du Journal of Sexual Medicine.
[75]Cicéron, De la vieillesse.

[76]M. Foucault, Le souci de soi, Gallimard, 1984.

[77]Paul Antin, La vieillesse chez Saint Gérôme

[78]Evrard de Conty, Le Livre des échecs amoureux, XV° siècle. Coll. BNF

[79]S. Brunel, Le Monde, 14 / 11 / 2009.

[80]Jacques Gaucher, maître de conférences de psychologie à l'Institut de psychologie de Lyon II, responsable de l'enseignement et de la recherche en gérontologie, cité par Y. Geneste, ibid.

[81]Dr Ivor Felstein, La Sexualité Du Troisième Âge.

[82]Ibid.

[83]Dr Ivor Felstein, La Sexualité Du Troisième Âge.

[84]S. de Beauvoir, La Vieillesse.

[85]Le Figaro, 8/01/2010.

[86]Un intervenant sur un site Internet

[87]Juvénal. Satires, I. Trad. Henri Clouard.

[88]Edouard Papet, www.vacarme.org/article907.html

[89]Bœuf habitué à sa charrue. Virgile.

[90]Cicéron, De la vieillesse.

[91]La Fontaine, Fables, Le vieillard et les trois jeunes gens.

[92]Cf. Maurice Leenhardt, Do Kamo, Paris, 1947.

[93]Lettre du pape Jean Paul II aux personnes âgées, 1999.

[94]Collectif interassociatif enfance et média (Ciem), d'après La-croix.com

[95]Harvey, F., La généalogie et la transmission de la culture : une approche sociologique. Les Cahiers des dix, n° 59, 2005.

[96]Hupet Michel, Les manifestations du vieillissement normal dans le langage spontané oral et écrit. In: L'année psychologique. 1992 vol. 92.

[97]La Bruyère, Caractères.

[98] A. de Musset, Histoire d'un merle blanc.

[99]Abbé Dinouart, L'art de se taire, Paris, 1771.

[100] A2, 17 mars 2010. Wikipedia décrit longuement cette

expérience. On peut aussi se référer à l'ouvrage même de S. Milgram, La Soumission à l'autorité, Calmann-Lévy, 1994.

[101] M. Genevoix, Un homme et sa vie, Paris, Flammarion, 1934.

[102] Jacques Louys. Une nouvelle conception du psychisme et de ses troubles à partir d'une théorie fonctionnelle. www.recherche-clinique-psy.com

[103] Site vergiberation.blogspot.com/

[104] J. Soubeyrand, gériâtre, le Monde du 24 oct 2009.

[105] Alain Dorra, Nouvel Observateur, Semaine du 2 juin 2000.

[106] Dominique Monjardet, Police et sociologie : questions croisées. Déviance et société. Année 1985.

[107] La Fontaine, Fables, Livre I, La mort et le bûcheron.

[108] Bible, Siracide, 41,1-2

[109] RTBF. 23.11.08

[110] Id.

[111] E. Cioran, De l'inconvénient d'être né, Paris, Gallimard, 1973.

[112] Encyclopédie sur la mort, Site Internet..

[113] Nietzsche, Humain, trop humain, 1878.

[114] Abbé J. Berlier, La Vieillesse, Lyon, 1897.

[115] Vauvenargues, Réflexions et maximes, 1746.

[116] Oscar Wilde

[117] Legendre François, Thanatographie. Cité sur le site : mucri.univ-paris1.fr/mucri11/article.php3?..

[118] Pierre Corneille, Stances à Marquise. 1658.

[119] Enretien avec G. Arfeux-Vaucher, auteur de La Vieillesse et la mort dans la littérature enfantine , Paris, Imago, 1994.

[120] Proverbes, 15, 20.

[121] Ecclésiastique, 3,16.

[122] Sourate 17, versets 23-24.

[123] Lévitique, 19, 32.

[124] Père Henri Sanson, le chemin spirituel de la vieillesse, 2004.

[125] Frédéric Balard, Conserver le pouvoir sur soi pour ne pas

être « vieux ». Journées d'Etude « L'âge et le pouvoir en question », 10 et 11 septembre 2007, Université Paris Descartes.

[126]Jonathan Swift, Instructions aux domestiques.

[127]MJean Foucart, La vieillesse : une construction sociale.

[128]Nicolas Coeffeteau, Histoire romaine.1623.

[129]Juvenal, Satire X.

[130]In Paul Antin, op. cité.

[131]Jean Foucart, op. cité.

[132]Ariès Philippe. Une histoire de la vieillesse ? Communications, 37, 1983.

[133]Essais, Livre III.

[134]Bernard de Morlas, De contemptu feminae, cité par Catherine Barbé, "La sorcière, une construction mythique." Hommes et Faits. image et sociétés. Carnets. Septembre 2006.

[135]Rabelais.

[136]R. Mandrou, Possession et sorcellerie au 17e siecle. 1994.

[137]Johann Weyer, De Praestigiis daemonum,Bâle, 1563. D'après Wikipedia.

[138]Un bon exemple : I. Bodin, De la démonomanie des sorciers. Lyon, 1548.

[139]Jules Michelet, La sorcière. 1862.

[140]M. Singleton, Du culte des ancêtres à la rentabilité des seniors : pour une anthropologie réaliste des (r)apports du troisième âge, 2002.

[141]E. Feller, op. cité.

[142]

[143]Octave Mirbeau, Les bouches inutiles, L'Écho de Paris, 25 juillet 1893

[144]Registre paroissial de La Croix-du-Perche (Eure-et-Loir) in Gulliver. Histoire. Cycle 3. Nathan, 1997.

[145]Remi Lenoir, L'invention du troisième âge. Actes de le recherche en sciences sociales, 1979.

[146]Shirirô Fukazawa, L'étude à propos des chansons de Narayama, Paris, Gallimard, 1959.

[147]F. Mallet-Joris, Sept démons dans la ville, Paris, Plon, 1999.

[148]B. Puijalon, J. Trineaz, Le droit de vieillir, Paris, Fayard, 2000.

[149] Yvette Reynaud-Kherlakian, Site Hommes et faits, anthropologie.

[150]saintbrieuc-treguier.catholique.fr/Une-**vieillesse**-benie -

[151]www.evangile-et-liberte.net/.../article9.html

[152]Max Lafont, L'extermination douce. La mort de 40 000 malades mentaux dans les hôpitaux psychiatriques en France sous le régime de Vichy, Ed. de l'AREFPPI, 2° trimestre 1987.

[153]vacuite.blogs.nouvelobs.com › Blogs › Internautes

[154]jfansten.over-blog.com/article-le-peril-vieux-40132271.html

[155]legaluchat.free.fr/encyclo/vieux/vieux.php

[156]Muriel Barbery, L'élégance du hérisson, Gallimard, 2006.

[157]André Maurois, Un art de vivre, Librairie académique Perrin, 1967.

[158]Principal informateur de Marcel Griaule, Dieu d'eau, 1948.

[159]De mémoire, in Tristes tropiques.

[160]L.-V. Thomas, La vieillesse en Afrique Noire, "Communications".

[161]Philippe Roy, Quotidien du Médecin , 2002.

[162]Augé, Marc, Théorie des pouvoirs et idéologie. Paris, Hermann. 1975.

[163]Paul Paillat, Sociologie de la vieillesse, PUF, coll. Que sais-je? n° 1046.

[164]Dr Marc Ganem, Congrès de l'ESSIR (European Society for Sexual and Impotance Research), Rome, Octobre 2001.

www.ingramcontent.com/pod-product-compliance
Lightning Source LLC
Chambersburg PA
CBHW071358280526
45787CB00001B/374